やる気を引き出す
言氣《げんき》の心理学

―働き方か生き方改革か―

柳平　彬《さかん》

Back to the Basics
原点に戻ろう！

ぱるす出版

はじめに

本書の副題を「働き方か生き方改革か」としました。しかし、なぜそうしたのか理由を説明させていただきます。

「働き方改革」ということばを聞いた時、何かおかしいというイメージを抱いたのは、私だけだったのでしょうか。その改革の内容を十分理解しないうちに、意見を述べる失礼を許していただければ幸いです。

人間が働くことの意味は「働き方」というような人生の生き方の手段を問題として取り上げて良いのだろうかという疑問が湧いてきたのです。

人間一人ひとりの持っている心の中にある潜在している能力を引き出すには「働き方」より「生き方」をテーマにしなければならないのではないかと思うからです。

「働きがい」の上に「生きがい」がある場合は、定年退職したとたんに「働きがい」がくずれ、「生きがい」も失ってしまうのではないでしょうか。「生きがい」のベースがしっかりと確率していないと、「働きがい」は長続きしないのです。

人生では竹の筋のように、いくつもの筋があります。

上り坂もあれば下り坂もあります。また、間坂《まさか》というステージに直面することもあるのです。

そうした筋々で困難や危機に直面して、勇気をくじかれたり、チャンスや希望を発見して、やる気を起こしたりして生きているのです。

その場合、働き方というのは、人間の能力そのものに働きかけるというよりも、生き方の「手段」を問題にしているのではないでしょうか。すなわち、人間の本来持っているポテンシャル、働くエネルギーには直接働きかけていないのではないでしょうか。

これからの人づくりは、人生をどのように生きていくか、その心の持ち方、心構えに働きかけるべきではないでしょうか。

やらされ気のやる気ではない、内発的・自発的意欲啓発に働きかけることをしなければ、日本再生はあり得ないのではないでしょうか。

働き方を支える基礎である「生き方改革」のほうに取り組まなければならないと思うのです。「働き方改革」というのは、手段であって、我々の目的ではないので、むしろ「生き方改革」から始めなければ、「働き方」の改善は成功しないと思うのです。

なお、本書第1章に収録したエピソードは、今から38年前、1981（昭和56）年4月から日本経済新聞の日曜版に「やる気の健康学」と題し、1年7か月毎週連載した内容で、その後、ラジオ日本のパーソナリティで語ったものでもあります。

当時は「バブル崩壊」前の日本経済で、まだみんな元気だった時期でした。そこで「やる気の問題」を現象面からとらえ、気軽に一服という感じの気分転換、あるいは心の筋肉をより鍛える機会と思って書き続けました。

したがって、どちらかというと「生き方」というよりも「働き方」に偏っているようになったかもしれません。

さて、「バブルで踊り、崩壊で無気力」（米ギャラップ世界やる気度調査139位中132位）最下位となり、「失われた20年」を迎え、日本は大きな岐路に直面しているといえます。では我々はどのような道を選ぶのでしょうか。

もう一度、当時の言気を取り戻すための「働き方改革」に取り組むのか、あるいは新しい「心構え」を「生き方」の中に発見するのか、それとも我々の人生の中に普遍的な価値や、「哲学信念」を見つけ出す心の冒険の旅に出発するのか。働き方は生き方によって支えられなければ、人類の本来持っている潜在的は能力は発揮されないのではないでしょうか。

我々に課せられた課題は、次の世代にしっかりした価値の伝承をすることができるかによって、日本の再生が決まるのではないと思います。本書の後半で提供したテーマは、そのためのヒント、または機会になれば幸いです。

令和2年2月

グループダイナミックス研究所代表　柳平　彬《さかん》

第1章 やる気を引き出す39話

第2章　志が人を動かす

第3章 「教育」から「啓育」へ

第4章 言氣を取り戻す

第1章　やる気を引き出す39話

第1話 五月病

あるとき道を歩いていた賢人がつまらなそうにレンガを積んでいた人の姿を見つけ、そこで何をしているのかと尋ねたのです。その男は、

「ただレンガを積んでいるだけだよ」とぶっきらぼうに答えたそうです。その賢人はもう少し先に行ったところで、いかにも楽しそうにレンガを積んでいる男を見つけ、同じ質問をしました。するとその男は、

「今お城を作っているところなんだ」と答えたそうです。

同じことをしている2人の男の、その仕事をやっている理由がまったく違うのです。

ところで毎年現れる5月病、この病気の原因は、一言でいえば自分の仕事を始めて1か月して、ふと我に返るということです。新入社員も職場に少し慣れてふと我に返る。そのときが危険です。

私がかつてアメリカのダートマス大学に留学して、スランプに陥った時学部長のカール・ヒルがこんな話をしてくれました。

「自分が学校を卒業してある会社に入ったとき、最初にやらされたのは工場の旋盤工だった。毎日毎日旋盤の前で同じ仕事の繰り返し、一緒に入社した仲間は単調で面白くないと言っていた。しかし、私はその仕事が楽しくて充実した日々を過ごすことができたんだよ」と話してくれまし

た。

　確かに1時間後1日のことを考えると単調な仕事かもしれません。問題は、短期ではなく長期にわたって自分の人生目標、夢や志を持ち続けることができるかどうかということを、学部長のカール・ヒルは言いたかったのではないかと思います。

　人間はその人の心の持ち方、人生とどう向き合うかの心構えによってやる気を起こすのではないでしょうか。

第2話　1本のひも

　モーパッサンの短編小説に「1本のひも」というお話があります。

　ある農夫があるとき、村の混雑するマーケットで1本のひもを拾います。ちょうどその日のその辺りで財布を無くした人がいたのです。

　そして、何かを拾ったこの農夫が疑われるはめになったのです。農夫は近くの町の警察まで連れて行かれ、そこで拾った一本のひもを取り出して見せたのですが、それでも信じてもらえませんでした。

　ところが翌日、財布は見つかり、同時に濡れ衣も晴れるのです。人々は農夫にあらぬ疑いをかけたことをケロリと忘れてしまいます。しかし、その農夫だけは違っていました。以後、長い年月を彼は畑を耕すことすら忘れ、１本のひもを拾って濡れ衣を着せられたこと、ひどい仕打ちにあったことを人々に話し続けたのです。

最後に死ぬ時も農夫は、１本のひものために人生を無駄にしたことを罵りながら寂しく息を引き取ったというお話です。農園は、荒れ放題になっていました。

「自分だったらそんなひもなど拾いはしない」と思うかもしれません。しかし、本当に1本のひもきれも拾っていないと言い切れるでしょうか。というのは、私たちは知らず知らずのうちに何本ものひもを拾い、後生大事に抱え込んでやる気を失っていることが多いからです。

前に働いていた会社での不平不満をその後の人生でも語り続けたり、

「上司がもう少し私の能力を認めてくれたなら」とか、
子どもは子どもで、

「学校の先生が教え方が悪いから国語や数学が嫌いになったのだ」とか、

「あの人がもう少し私の気持ちを分かってくれたらこうはならなかったのに」

などと、色々なひもを拾っているうちに段々やる気を失っていくのです。ひもが首にまとわりつき、息苦しくなり最後には息ができなくなってしまうのです。

ここで、そうしたひもを思い切って捨ててしまい、「よし今日もやるぞ」と自分を励ましてみると、日曜日でも朝からやる気が出ます。

第3話 ぬれた毛布

入社した同じ能力の新入社員が3年経つと2つのグループに分かれるのです。やる気を起こして仕事に積極的に取り組む社員と不平不満を言いながら、ほどほどの仕事で満足している社員です。

積極的に新しい目標を作り出し、問題解決に取り組むグループと、そうでないグループとに分かれるのです。

その原因は新入社員が配属された所の上司の心の持ち方、いわゆる心構えにあるのです。英語ではこれをアティチューズといいます。

まず、新入社員が配属され職場に段々慣れてきます。親しくなってくると上司も少しずつ本音を言うようになります。

そこで消極的な考え方をする上司は、

「今は景気が悪いからいくら努力しても売上げが上がらないよ」とか、

「会社の方針がくるくる変わるからついていけないよ」とか、そのうちに、

「この会社にはあまり将来性がないかもしれないよ」とか言って、ぬれた毛布をまだ不安のある新人の頭の上に被せて、やる気の熱意を冷やしてしまうのです。

ぬれた毛布、ウェットブランケットは、相手のやる気を失わさせてしまう、効果的な道具です。

一方、積極的な考え方をする上司は、

「今はこの会社は大変かもしれないけれど、ここを乗り切れば素晴らしい会社になるし、また今後どんな困難に出会っても動じない忍耐力と知恵が身につくチャンスがここにあるよ」と言って勇気づけしてくれるのです。

こうして3年間消極的なことを言われ続け、ぬれた毛布を被されて育った新人と、そうでない新人とでは大きな違いがその後のやる気に現れるのです。

だから、リーダーというのはいつも心の持ち方、心構えが消極的にならないように気をつけなければならないのです。そのためには、人生の目的をはっきりさせ、夢や志を持って前に進むことが大切だと思います。

第4話 66歳からの挑戦

カーネル・サンダースの挑戦

心の冒険という、やる気を起こす成人教室のコースがあります。

これは、Adventures In Atitudes（AIA）という名前で日本でも知られています。そのプログラムを開発したリーダー格のボブ・コンクリン氏がこんな話をしてくれたことがありました。

仕事の帰りに飛行機の中で疲れて新聞に首を突っ込んでいたのです。隣の人と話をしたくなかったのです。ところが、年配の紳士が新聞に首を突っ込むのはやめて、私の話を聞いてみたらと隣から話しかけてきたのです。

その人は世の中が急に変わったため、とてもひどい目に遭ったという話をしてくれたのです。その年配の紳士は、アメリカのケンタッキー州のコービンという町の近くで小さなレストランを経営していたのです。お客の９割までが旅行者でした。ところが11キロ離れたところに新しいハイウェイができてしまい、商売はすっかり上がったり。店を畳まなければならなくなったのです。その時彼は66歳だったのです。毎日、毎日、妻とふたりで身の不運を話し合っていたというのです。

そのとき妻にこう言ったことを覚えているとその紳士は語ってくれたのです。

「どんな逆境に立たされても、よくよく探してみれば浮かび上がれるチャンスはなんとか見つかるもんだよ」と。そして、生活保護費のわずかなお金を元手にして、以前お客様から好評だった料理を66歳になってからおんぼろ車に積んで売って回る商売を始めたというのです。

この紳士こそ、あの白いひげを生やしたケンタッキーフライドチキンのカーネル・サンダース会長だったのです。これがフランチャイズ王国誕生の始まりになったのです。

自分で自分を憐れむのは底なし沼にはまり込むようなものです。

どんなピンチに立たされても消極的にならず、積極的な心構えで少しでも役に立つチャンスを忍耐強く見つけ出すのです。そうすれば必ず運命が拓けるのではないでしょうか。

第5話 今なぜ縄文か

縄文に魅せられた岡本太郎

84歳で亡くなった美術界の異端児、岡本太郎の評価は、亡くなられてからむしろ高まっております。彼を知らない若い世代も含め、社会の不安を吹き飛ばすエネルギーと内発的やる気を彼の作品で感じる人々が増えてきたのです。

そのエネルギーの原点は、実は縄文時代にあるのです。きっかけは、昭和27（1952）年8月、偶然上野の東京国立博物館で展示されている縄文土器を通りがかりに見た時でした。そこでその力強さに感動して動けなくなってしまったというのです。

その岡本太郎さんと平成元（1989）年12月24日、雪の降る中、八ヶ岳山麓にある尖石縄文考古館に、縄文中期の土器と日本最古の国宝になったばかりの縄文のビーナスという土偶を見に行ったことがあります。

八ヶ岳山麓の蓼科は、今から5500年前、日本の縄文文化の最も栄えた頃の中心地で、今の東京だったといえるのです。当時の日本の人口は約26万人と推定され、この八ヶ岳山麓に15%以上の人口が集中していたともいわれています。

また、露天風呂に入る習慣もその頃からあったのです。縄文人は、露天風呂に入ることによって毎日を生き抜くための心身のエネルギーを吸収していたのです。

岡本太郎は、日本においてたった一つの最初の優れた芸術性とオリジナリティは、縄文中期の土器にしかないという結論に達したのです。その土器の中に日本民族の生命力の原点を発見したのです。

まさしく、「和の原点は縄文の心にあり」なのです。今、瞬間瞬間に失われつつある人間の根源的な情熱を呼び覚ます力があるというのです。

志楽の湯のロビーには幸運にも岡本太郎が作った縄文人の銅像の原型があるので、ぜひ見に来られ縄文パワーを吸収してください。

第６話　ヒトデを海に返す少年

アラビアのことわざの一つにこんな話があります。

人間には３つのタイプがある。

①人を動かすことのできない人間

②人を動かすことのできる人間

③そして自分から動く人間

みなさんは、どのタイプの人でしょうか。

今日の私たちの問題は、自分で自分を動かす、つまり自発的にやる気を起こすことです。世の中で自動車の警笛を鳴らし人々を緊張させたりイライラさせる人はいますが、車から降りて故障した前の車を動かしてくれる人はなかなかいません。

ＡＩＡという心の持ち方を変える相互啓発のプログラムを開発したボブ・コンクリンが、こんな話をハワイのマウイ島のビーチで語ってくれたことがありました。

ある日、一人の男が海岸を歩いていると、何かを拾って大切そうに見つめるとそれを海に放り投げている少年に出会いました。その男は少年に、

「何をしているのか」とたずねました。少年は、

「海にヒトデを返しているのです。私が海に返さなかったら死んでしまいます」と答えたのです。

男はその少年に、

「何キロもある海岸線には沢山のヒトデがいる。君がたった一つのヒトデを海に返したからといって、何の違いも起こらないのではないか」

少年は、その言葉を静かに聞いていました。そして、腰をかがめてまた一つのヒトデを拾い、今引いていこうとする波に向かってそれを海に戻したのです。そして少年はこう言いました。

「私は今ここで一つのヒトデを海に返すことによって、一つの変化を起こすことができました」

世の中には、周りで起こっている状況を見ていて、文句は言うが何もしない人がいます。私たちの人生は、何が起こったかによって決まるのではないのです。

起こったことに対してどう反応するかによって定まるのです。ということは、我々の心の持ち

方、心構えが人生を作り上げていくのです。
みなさんも小さな一歩を踏み出してみましょう。

第7話 失敗しようとする意志

2つの相反する気持ち

私たちは人生で成功したいと思っている一方、失敗してしまった方が楽だと思う気持ちがあるのです。これを失敗しようとする意思と呼んでいます。

例えば、本人は病気を治したいと思っているつもりなのに、心の奥底ではむしろ治らない方がよいと望んでいるのです。

治したくないというマイナスの意思が無意識に働いているのです。

もしこのまま病気が治ってしまえば、相手や家族から関心を引くことができなくなってしまうかもしれないからです。

ある医者がこんなことを言っていました。

むち打ち症で治療が長引く人は、概して加害者との話し合いがこじれている場合が多いというのです。事故の後、治療費でもめたりするといつまでも痛みが抜けないことがあるそうです。

人は自分を改善し、もっと質の良い仕事、より良い人生を送りたいと願いながら、それだけの努力を実際にはしていないことに気づくことがあります。

それは、人は誰でも自己破滅への傾向をある程度持っているからです。

同じ人が何回も事故を起こしたりします。お酒の飲み過ぎ、食べ過ぎ、煙草の吸い過ぎ、向こう見ずな運転、自殺への願望など全て自分を破滅させようとする内面的な衝動の例です。

これと同じ衝動が仕事に対する心構えの中にも忍び込んできます。それが失敗しようとする意志なのです。

心の中には、2つの傾向があります。

積極的な心構えと消極的な心構えで、積極的な心構えは、建設的な言動を起こします。

一方、消極的な心構えは、破壊的な言動を引き起こし、失敗しようとする意志を生じさせます。

そして、破壊的な言動をする人は、人生にマイナスの期待をするようになります。

プラスの期待をする人は、どうせ駄目だからと諦めたりせず、人生の目的や夢、志に向かって前進していきます。

第8話 「イエス・アイ・キャン」の精神

ある禅寺の僧侶が弟子である雲水たちにこんな難問を投げかけました。

「空に星はいくつあるのか」

さて弟子たちは困って考え抜いていました。

その時一人の弟子が立ち上がり、禅道場から飛び出しました。そして庭に出ると、空を仰いで、「ひとつ、ふたつ、みっつ」と星の数を数え始めたのです。その弟子は師匠の投げかけた難問に考え込んでいるよりも星の数を実際に数えた方が早く答えが出ると思ったのでしょう。

世の中には、「それは分かりません」とか、「それはできません」と、簡単に言ってしまう人がいます。

この弟子はそうした先入観を持たずに、素直に「イエス・アイ・キャン」の精神で難問の問題解決に取り組み出したのです。

私たちは小学校に入ってからは、学期末にはいつもテストを経験してきました。

そして中学校に入れば入ったで受験のために偏差値を気にしながら勉強をし始めます。その時にどのように問題に答えるかというと、まず解きやすい問題から取り組んだと思います。

そうした習慣から、難しい問題を与えられると後回しにしたり、「ノー」と言って拒絶してしまうのです。「ノー」という言葉は、聖書には１３７６出てきます。「イエス」はわずか4回です。モーゼの十戒では、「ノー」が8回、「イエス」が2回です。

西洋でもそうなのですから、何事にも控えめな東洋人は「ノー」という否定語がもっと多くなるのではないかと思います。

ところで、

「人生における大きな喜びは、君にはできないと世間が言うことをやることである」と、ウォルター・バジョットというイギリス人が言っています。

人生ではしばしば難問に直面することがあります。そのときは、私はどんな難問に出会ってもその難問を解決する気力、知力、体力、さらに泉のように湧いてくる知恵と勇気を持っていると自分に言い聞かせて発奮してみましょう。

第9話 ほめることと勇気づけ

ほめてばかりでも育たない

世の中の親たちは、子どもの成績が良ければほめ、悪ければ叱るという賞罰方式で臨むことが多いと思います。しかし、この賞と罰には、子どものやる気を起こすという点からは問題があるのです。

例えば、小さいときから成績表をもらうたびに、

「良い成績だわ。お母さんとても嬉しい。今度も頑張ってね」などとほめられていると、その子はほめられていないと自分には存在する価値がないと思い込み、心が不安定になるのです。

良い成績をとった時は自分の存在が認められますが、悪い成績をとった時は自分の存在が認められないと思い、自信を段々失ってしまうのです。

人の評価ばかりを気にする子になってしまうのです。これがほめることの弊害なのです。

逆に罪ばかり与えると、自信を失うだけでなく、反抗的な性格が形成されていきます。そして、好ましくないことを言ったりしたりして周りの関心を引いて親をイライラさせます。

さらに主導権争いに親を巻き込み、相手を怒らせたりします。あるいは復讐をして親を困らせたり、逆に無気力な態度を見せて親をがっかりさせます。

それでは、どういう方法で子どもの自発的なやる気を起こしたら良いでしょうか。

それには、勇気づけという方法があります。

例えば子どもが、

「僕の絵うまいと思う?」と言ってきたら、

「あなたはどう思うの?」と聞いてみるのです。肝心なことは、子どもがどう感じているかをまず認めるのです。テストで百点を取ってきたら、

「テストの点が良くてとても嬉しいみたいね」というだけで実は十分なのです。

賞罰方式が子どもの人格や性格の結果に対して行われる一時的な刺激であるのに対して、勇気づけは子どもの将来に向けての心の持ち方、心構えに働きかけるのです。

ほかの人との競争ではなく、より良くなろうとする自分自身との競争に働きかけるのです。これは子どもの世界だけではなく、大人の世界や企業社会でも通用する考え方です。

第10話

対他競争と対自競争

人生は突き詰めると自分との競争

私たちは、知らず知らずのうちにほかの人と自分とを比較して自信を失っていきます。

まず、お金持ちと自分を比較して自信を失う人がいます。

また、地位や肩書きのある人と自分を比較して自信を失う人がいます。話し上手な人と自分を比較して自信を失う人もいます。

その逆に、お金を持っているというだけで優越感を持つ人もいます。

また、地位や肩書きがあるという理由で横柄になったりする人もいます。

こうして劣等感に苛《さいな》まれたり、優越感に浸ったりします。

こうした感情は全て、他人と自分を比較することから起こります。

これを対他競争心、他人に対しての競争心から生まれるやる気といっています。

やる気を起こすのに自分の心の中から発奮するというより、他人との比較や対抗心からやる気を起こすのです。

例えば、スポーツやゲームもそうした対抗心を利用して参加者のやる気を起こすのです。こうして生まれたやる気は、どうしても一時的な刺激で終わってしまうことがあります。

これに対して、もう一つの競争心があります。

それは、自分自身を相手にした競争です。これを対自競争心といいます。今日の自分より明日はより良くなろうとする、向上心とも言うべき気持ちから生まれる内発的なやる気です。

人は誰でも多かれ少なかれ「こうありたい」と思う目標や目的、夢や志を持っているものです。それらに向かって人間的成長を日々重ねていこうとする潜在的な力があるのです。

ところが、心の持ち方、心構えが消極的になると、どうしても自分自身が見えなくなってしまい、対自競争心を失ってしまうのです。

それではどうしたら良いでしょうか。まず、誰でもできる簡単な方法から実践してみましょう。

朝、目を覚ましたらまず鏡に向かって自分の姿を映し出すのです。そして、自分の長所や強み、夢や目標を思い出し、

「よし、今日もやるぞ」と自らを勇気づけて一日を始めるのです。

第11話　心の目隠し

消極的な自己催眠を解放しよう

私たちがやる気を失っている原因に心の目隠しという現象があります。

心の目隠しとは、普段知らず知らずのうちに消極的なことを自らに言い聞かせているうちに、心の目が曇り、自分自身が見えない状態に陥ってしまうことがあるのです。

そうなると、「自分は駄目だ」と自己暗示をかけ、ますます悪循環に陥ってしまうのです。困るのは、ほとんどの人がそういう状態に陥っていることに気づかなくなってしまうことです。

では、そのマイナスの自己催眠から解放されるにはどうしたらよいでしょうか。

それにはまず、「私は」で始まる文章を正直に思いつくまま書き出してみるのです。自分の思っていること、感じていること、特に普段口癖のように言っていることを書き出してみるのです。

例えばその中から心の目隠しになっていると思われる言葉をいくつか挙げてみました。

「昔のようにはもう元気がない」

「毎日がつまらない」

「出直すには歳をとり過ぎた」

「毎日が忙しくて嫌になる」

「今やっていることが好きになれない」

「子どもや家族のことで毎日イライラし通しだ」

「私の人生はつまらなかった」

「私には能力がない」

「私にはできない」

こうした言葉が口癖になると、心の目隠しによる自己催眠にかかり、ますますやる気を失っていきます。

では、どうしたら良いでしょうか。まず、次のように自分の感情を受け入れることから始めるのです。

「私が感じることはどうすることもできない。しかし、これからどう考え、どう行動するかは自分で選ぶことができる。」

ということです。自分にかかっている消極的な自己催眠をほどくのです。心の目隠しから解放されるのです。

そして、積極的な心構えに切り替えるきっかけを作るのです。そこで自分の長所や強み、夢や目標を思い出し、それを先ほどの言葉の後に続けて自分に言い聞かせるのです。そうすると少しずつ私たちの心のエネルギーがプラスの方向に流れ出します。

第12話　笑力

笑いからやる気が生まれる

人がなぜ離れていくかについて、興味深い調査をボブ・コンクリン氏が行っています。

それによると、店からお客様が離れる原因は、

「お客様の引越しや死亡」が４％、

「友人に勧められて店を変えた」が５％

「店同士の競争に煽られて」が９％、

「商品に対する不満」が14%、

そして実に残り68%が「店の店員の冷淡な客あしらい」が原因だったというのです。

さらに、この冷淡なあしらいの具体的な内容について見ると、

トップは「微笑まない」

2番目は「ありがとうを言わない」

3番目が「つっけんどんな応対」

だったということです。そこである店がスマイルキャンペーンをしたところ、たちどころに20%の売上増になったということです。

さて、ではあなたは、先週1週間誰に微笑んだか思い出せますか。

ある調査によると、微笑んだ50%以上がテレビのお笑い番組だったということです。

ところで、遺伝子研究に取り組んでいる村上和雄筑波大学名誉教授が面白い実験をしたのです。

漫才を聞いて大いに笑った後で血糖値を測定したところ、血糖値が驚くほど落ちたのです。

また、笑いは、脳細胞に新鮮な血液を送り込み、脳卒中も予防する効果があるのです。その笑いが今一番不足しているのが家族や親子同士かもしれません。仕事仲間での笑いもなくなってきているようです。

村上教授は、

「笑いは、遺伝子をオンにして人々を元気にする」と言います。さらに、「心の持ち方、心構えを積極的にして志のようなものを持つと遺伝子がオンになり、やる気が起きる」と言います。１２２歳まで生きて世界最高齢と言われたフランスのカルマン夫人が、「元氣で長生きするには、まず退屈しないこと。それから笑うことが大切だ」と言っています。これも心の持ち方が長寿の秘訣と言っているのだと思います。

第13話　志のエネルギー

今世界はまだ未解決の問題が多く残されています。

そうした社会で一人ひとりが直面した難問を解決していくための大切な心構えのヒントが、この「志」という言葉の中にあるからです。

それでは、志という言葉がどのようにして生まれてきたのでしょうか。

元々日本語の「こころざし」は、「こころ」と指をさすの「さし」の2つの言葉が合わさってできた言葉です。

これはある対象に心を引き付けられる時に生まれる心の働きを意味していたのです。そこには相手を思う気持ち、慈しむ心、愛する心が含まれているのです。

この「こころざし」が漢字の「志」の訓読みに当てられるようになったのです。

そして、この文字が次第に心の中により高い人生の目標を定めるという精神エネルギーを意味する使い方へと移っていったのです。

このより高い目的意識は、単なる目標達成という意味ではなく、より良い目標を創造する能力のことをいうのです。

それでは、志はどのような力を持っているのでしょうか。

「志は気の師なり」と孟子は言っており、気の力を正しい方向に導くリーダーの役割を果たすと言っております。

また、明治初期ウィリアム・クラーク博士が札幌農学校を去る時に、「Boys, be ambitious（少年よ、大志を抱け）」と言った言葉にはそれに続く言葉があります。

「お金や地位、自分本位の欲望、名声などといった儚いものではなく、人間としてこうあらねばならないことの全てを実現しようとする大志を抱け」という趣旨を述べています。

この意味を日本語では、「志」という一言で表現できるのです。この言葉こそ今世界に日本から発信できる考え方なのです。

第14話 「出勤前のキス」で長生きする法

朝会社に出勤する前に奥さんにキスをする男性は、そうでない男性と比べると健康面でどんな違いがあるかをある保険会社が調べたことがあります。

この話を心の冒険ＡＩＡというやる気発見プログラムを開発した米国ミネアポリス在住のボブ・コンクリン氏から聞いたことがあります。

その話によると、キスをする男性は、そうでない男性より平均寿命が実に5年も長く、病気による欠勤率も半分だったというのです。

また、交通事故に遭う確率も大変低く、年収も30％多いという結果が出たというのです。日本でもタクシーの運転手が交通事故を起こす日は、朝出がけに夫婦喧嘩をした日だと聞いたことがありますので、喧嘩とキスを両方できる人はいないと思います。

ある大学の教授は、教え子の結婚式に招かれるといつも同じスピーチをするというのです。それは、

「ご主人が出社する時は、玄関まで送ってあげ『いってらっしゃい』と挨拶しなさい。また、ご主人が帰宅したら、奥さんは必ず玄関に飛び出して行ってできるだけオーバーに両手を広げ、しかもお隣りに聞こえるくらい大きな声で『おかえりなさい』と言って迎えてあげなさい。子どもができたら一緒にそうするようにと勧めています。それが夫を長生きさせ、また成功させ、家族を反映させる秘訣です」というのです。

出がけにキスをする、あるいは大きな声で挨拶をする、これは相手に期待している証拠で期待のサインを送っているといってもよいでしょう。

期待するからこそ、人々はやる気を起こし、健康な暮らしを続けたいという意欲も湧いてくるのです。期待のサインは、毎朝のウォーキングのようにずっと夫の健康に役立つのではないでしょうか。

「家族の間では口に出さなくても阿吽《あうん》の呼吸でお互いに期待していることが分かっている。それが日本男児の生き方なのさ」という意見もあるでしょう。しかし、人生経験を積んだ人なら、こうした期待のサインを怠っているうちにいつの間にか本当に無関心になってしまい、相手に何も期待しなくなってしまう場合が少なくないことも知っています。

ちなみに、先の教授の奥さんは、ご本人はもちろん、大学生の娘さんや高校生の息子さんもこの期待のサインを玄関先で実行しているのです。

それでは、あなたも今日からご主人が帰宅したら玄関先で大きな声で「おかえりなさい」と言ってキスをしてみましょう。ご主人の寿命が5年延びるかもしれません。

第15話 捨ててこそ回復できる「父親の権威」

今日は、父親の権威について語ってみたいと思います。給料が銀行振込みの時代になってから、便利には違いないのですが、これを父親の権威と結び付けてがっかりするサラリーマンも少なくありません。

「現金手渡しの時代は、女房も『ご苦労様』と言って受け取っていたし、子どもだって父親が稼いでくるから家族が生活していけることを実感してきたと思います。ところが、今は、給料は自動的に入ってきます。気のせいか女房や子どもたちも段々私の言うことを聞かなくなってきた」

と、あるサラリーマンは言うのです。

一昔前の父親と比べると今の大多数の父親は、家庭内での影が薄く、またリストラなどの影響で仕事の量も急激に増え、忙しくなってきています。

営業の場合は夜の付き合いも多く、大都市のサラリーマンなら、通勤時間１時間半の郊外のマイホームには寝に帰るだけの日が続く場合もあります。地位も上がり責任が重くなる歳になればなるほど、下宿人のようになってしまいます。

さらに、子どもも思春期を迎え、難しい年頃にさしかかってくる。そこで女房にせかされてたまに説教してみても、子どもたちは馬耳東風。ついカッとなって怒ってみても、あなたの権威はなかなか回復しない。

さあ、どうしたらよいか。親の勇気づけトレーニングを開発した心理学者のディンクメイヤー博士らは、親の権威を回復するのにアメと鞭の賞罰教育は今や効果がないと言います。

そしてその代わりに勇気づけという方法を提唱して、ステップという子どものやる気を起こす新しい子育て法を説いているのです。ここではその内容を詳しく説明する時間はありませんが、

9回目のミーティングの最後の方で家族会議を開くことを勧めているのです。

家族会議では、議長や記録係も順番で受け持つのです。その会議で家庭内のルールを決めることや、問題解決の手順、レジャーや旅行の計画などを話し合うことで、家族全員のやる気を起こすきっかけを作るのです。親の義務の放棄でもなく、子どもの言いなりになることでもないのです。

もちろんうまくお互いに納得できる場合もあるし、意見が分かれて結論がなかなか出ない場合もあるかもしれません。そういう時こそ、

「お父さんの会社ではね」

と、厳しい社会の現実を語り、妻や子どもの認識の甘さを理解させたり、修正するのです。父親の価値の伝承を行うのです。

実は、この父親の価値の伝承が世界で日本が低い方に属するのです。家族会議を通じて、父親の権威を復活するのです。そして、父親の価値観を伝えて欲しいものです。

第16話 ただ「冷える」だけで、命を落とすこともある

かつてのお昼の人気バラエティ番組「笑っていいとも」の「パワースポットさんいらっしゃい」のコーナーに出演したことがありました。

みんながあやかりたいラッキー体験をした人を紹介するという趣旨で、川崎生涯研修センターの隣の工場跡地に地下１３００ｍまで掘削し、幸運にも太古一千万年前の化石海水の温泉を掘り出すことができたいきさつについて、番組の司会者からその理由を聞かれたのです。なぜ一か八かで温泉を掘ったかというのです。

伊豆にある断食道場に行ったところ、そこのお医者さんが、

「日本人の体温は1度下がっている。そのために免疫力が低下して癌にかかりやすくなってしまった」と言うのです。だったら温度を上げるには、温泉が一番いいのではないかと思ったのです。

私が言いたかったことは、人生で難問に直面することは二度や三度はあります。その時に座禅道場か断食道場に行って自分を見つめることによって、危機突破のヒントを見つけることができるのです。

私は、二宮尊徳が千葉の成田で行った断食道場を選んだように断食の方を選んだのです。その断食道場で医者から、病気にならないためには体温を上げて、免疫力を高めることが重要だということを知ったのです。

そのためには、縄文時代から日本人が大好きな温泉で体を温めてもらうのが病気予防になると確信したのです。そこで工場跡地で温泉を掘ることにしたのです。

私が参加した伊豆での人参ジュース断食の主催者である石原結實氏は、

「体が冷えると血管が収縮して体の隅々まで血液が行き渡りません。中でも免疫物質の白血球は

冷えに弱く、体温が低い状態では力が発揮できません。体温は1度下がると、基礎代謝は約12％、免疫力は30％落ちてしまいます。健康時の体温を36・5度とすると、35・5度で排泄困難、35度では癌細胞が活性化します」と言うのです。また、石原結實先生は、「現在年間34兆円を超える医療費の高騰に歯止めをかけるには、病気をどう治すかの前に病気をどう防ぐか、すなわち予防医学の方にもっと力を注ぐべきである」と主張し、温泉の効果も大切にしています。

第17話 成功の確率高い地方大出・大病経験

日本では、今働いている人のうち15人に1人は社長になっていると言われています。これは、社長1人で全て切り盛りしている自営業も含めての数字です。証券取引所に上場されている企業は4000社足らずですが、日本全国にはその約千倍以上、420万もの企業があります。そのうち約99・7％が中小企業か零細企業です。もっとも、この裾野は、近年先細りする一方です。

古いデータですが、中小企業白書によると、2004年から2006年までの3年間では、開業数が平均約22万社なのに対し、廃業数は約27万社にのぼり、毎年5万社ずつ減少しているということになります。

それでも、日本のやる気の源泉は、学歴などとは無縁なこの裾野の活力にあるといえます。この裾野に育って技術と販売力で世界に乗り出す企業があって欲しいものです。

元三菱総研会長の牧野昇さんは、時代を先取りして伸びる企業の社長像について次の３つの特徴を述べています。


第１に、地方の国公立大学やマンモス私大の出身者であること。

東大や京大を出て大企業に入るタイプは、論理偏重の左脳型。偏差値は低くても地方の大学や私立大出の方が発想がユニークな右脳型。

また、４年制大学で初めて企業家精神学部を創立したリチャード・ブスカーク博士は、アメリカの企業家の半分以上は大学すらも出ていないと言っていました。


第２に、大病の経験があること。

元沖電気の能力開発室長を勤められた天谷忠さんは、その企業の歴史に残るような貢献をしたトップは順調に来た人より大病をした人とかスポーツマンが多いと言っています。


第３に思春期に父親が亡くなること。

頼りない男の子が父の死で急にしっかりする例は少なくありません。入社試験で同じ成績だったらむしろ父親が早く亡くなった方をとる会社もあるといいます。

もしあなたが地方大学出であるなら、大病の経験があったなら、幸運だと思えばよいのです。そして、父親を早く亡くしたからといって、がっかりすることはありません。

特にこれからの社会では、やる気と忍耐力、そして想像力と勇気が大切になってきます。

第18話　今どき落ち込み脱出術

週に一度介護施設でボランティア活動をしているある主婦は、仲間から浴びせかけられたある一言がきっかけで憂鬱な気分になり、なかなか立ち直れなくなってしまったというのです。

その言葉とは、

「良いご身分だこと」という、たった一言だったというのです。

海外旅行に行くので自分の当番日を交代して欲しい、と仲間に頼んだところ、一見何でもないようでも棘《とげ》のある言葉が返ってきたというのです。

あるカウンセラーによると、ほかの人から見て大したことと思えないような言葉が引き金になって落ち込み、なかなか脱出できない人が増えているといいます。

挫折経験が少ない上に身近に相談相手がいない、長引く不況が逆風となり会社などの組織が個人の失敗に対して寛容でなくなっている、などの背景もあります。

会社の人事評価や学校の成績評価などでは、どこまで目標を達成して来たかを重視しがちで、成果主義が行き過ぎると組織内で失敗から立ち直りにくくなるのです。

そんな環境の中で人間の感情や行動、考え方や心の持ち方はお互いにどのように作用しあっているのでしょうか。心の持ち方が消極的になると、感動しにくくなるのです。感情が働かなければ、やる気は起きません。心の持ち方、心構えが消極的だと、行動も消極的になります。そして、ものの考え方は、マイナスの方へと渦を巻くスパイラル現象を起こし、スランプに陥るのです。

では、どうすればよいのでしょうか。

あなたにお勧めできるのは、心の化粧落としという方法です。朝化粧をした女性が夜その化粧を落とすように、その日一日心にまとわりついたマイナスの感情の記憶をその日のうちに洗い流すのです。その流れは、まず、

ステップ１　寝る前に小川のせせらぎを思い浮かべます。想像できない人は、小川のせせらぎの写真や絵を眺めます。

ステップ２　イライラや怒り、心配などその日のマイナスの感情を思い出します。

ステップ３　小川のせせらぎにそのマイナスの感情を流してしまうと想像するのです。

ステップ４　人生の目標や目的、夢や志を思い出します。そして、「私は何々することができる」と自分に言い聞かせるのです。

最後に、「明日目を覚ますと頭がすっきりする」と言って眠りにつくのです。人生に大きな目的があれば、落ち込みから脱出しやすくなるのです。

第19話 歓迎してくれる人を見つけよ

既にお亡くなりになりましたが、ユニークなお医者さんがいました。

「ちょっとあの先生に診てもらってくるとするか」

こう思い立ったその瞬間ほとんどの患者の病気は既に50％分は治っている、というのです。

実際にその医者を訪ねて顔を合わせてあれこれ症状を訴えているうちに90％以上治るのだ、とも言います。つまり、医者がアドバイスと薬で対処するのは残り数％分でしかないというのです。

この人、銀座内科院長の藤井尚治医師にかかると「風邪をひいた？ それはよかった」ということになるのです。

銀座の商店街、オフィス街のど真ん中という地理的条件とその摩訶不思議な人柄から、商店主から企業の経営者、エリートビジネスマンから女優さん、型破りのビジネスマン、ちょっとはみ出し気味の勤め人まで、会いに来る人達は色々。

彼らに共通するのはただ一つ、常に忙しい人たちだということです。忙しい人たちだから、たかが風邪、たかが腹痛で仕事を放り出すわけにはいきません。初期のうちに何としてでも治してしまいたいと考えます。

この「何としてでも治そう」と考える人たちの治りは早い、と藤井さんは言ったのです。乱暴に言えば、そう考える人の風邪なら放っておいても時間さえかければ治るといえます。そういう人たちが忙しい時間をぬって藤井先生の顔を見に来たのです。

「よかったよかった」とは無論、藤井医師の信念のような言葉です。ストレスが体の症状となって現れることによって、心身のバランスが崩れないで済むからなのです。軽い病気になってくれたおかげで、またこうして話ができるという彼自身の喜びもほんの少しは入っているらしいのです。つまり、患者は歓迎されるのです。

私たちは、いつなんどき訪ねても必ず歓迎してくれる人や場所を持っているでしょうか。行きつけの飲み屋がひょっとするとその機能を果たしているのかもしれません。

しかし、いつでも気軽に話を聞いてくれる人や医者、願わくば会うだけでほっとできる人を友人に持つことは、ビジネスマンに限らず全ての人のやる気の健康に大きな意味を持つと思われます。

第20話　積極的な心構えがガンを治す

癌患者の治療に当たっている放射線のドクター、サイモントン博士は、オレゴン医科大学附属病院の放射線科に勤務していたとき、思いがけない事実を発見したというのです。

自分が治療に当たっていた重症の癌患者の何人かに、期待以上の治療効果が現れたというのです。その原因を突き止めてみると、なんと効果の現れた全ての患者に共通した特徴が浮かび上がってきたのです。つまり、これらの患者は、自分の病気や人生に対して積極的な態度、すなわち楽観的な心構えを持っていたのです。

その後カリフォルニア州のトラピス空軍基地附属病院に転勤になったサイモントン博士は、その事実を医学的に裏付けようとしたのです。

そこで、同病院の15名もの癌患者に対して患者の性格、態度すなわち心の持ち方と治療効果の相関関係を調べてみたのです。

1年6か月の治療期間の後、できるだけ医学的に客観的な判断を下すために5人の治療担当者の判定を試みた結果は、まったくサイモントン博士の推論のとおりだったというのです。すなわち、治療に対して積極的な態度を持っている患者は治療に対して良い反応を示し、消極的な態度を持っている患者は良い反応を示さなかったのです。

さて、この話は一体どのようなことを意味しているのでしょう。人間は、その心の奥深くに眠っている何かが躍動し始めると驚異的な力を発揮すると言われています。それは、その人の心に隠されている潜在意識なのです。

自己暗示と言う言葉があります。自分で心の中にある潜在意識に自分の願望や考えを繰り返し訴え続けていくと、その効果が行動として現れるのです。この自己暗示は、マイナスに働かせれば自分の能力を抑え込んでしまいます。

積極的な心構えでプラスに使えば、無限の可能性が引き出せるのです。つまり、サイモントン博士の調査結果の例でも分かるように、積極的に「治る。治してみせる」という自己暗示を潜在意識に働きかけていると、不思議とその自然治癒力が沸き起こってきて、放射線治療に相乗効果をもたらすのです。

逆に「治りっこない」という暗示を与え続けていると、快方に向かってよさそうな治療を施していても、いっこうに治らず却って悪化の傾向をたどることがあるというのです。

私たちの心の持ち方、心構えが病気を治す自己治癒力や予防のための免疫力に大きな影響を与えることを忘れないようにしましょう。

第21話　意欲のある人は肩書など気にしない

この数年、訪問した会社などでこんな戸惑いを感じることが多くあります。

「マネジャーとリーダー、主査と主幹、はてどっちが偉いのかな」

主任、係長、課長、部長といった伝統的なポストのほかに執行役員、取締役執行役員といった色々な肩書が民間企業に生まれています。一度に多くの名刺をいただくと、誰が権限を持っているのか分かりにくくなります。

ところで、あなたは勤務先で人を呼ぶ時どんな呼び方をしているでしょうか。

お役所はもちろん、民間企業でも、相手が上司ならば、課長などと「長」を付けて呼んでいることがまだ多いことと思います。

仕事が終わって一杯飲んでいる場合も同じです。

縦社会、日本の一断面をあるメーカーの課長は、こう漏らしています。

「会社の内外でさん付けで通すべきだと理屈では思います。私の同僚でも、部長や重役に対してもさん付けで呼んでいる人がいます。けれど、周囲からは変わっている人と思われがちです。それが日本の企業社会の現実ですよ。私は彼のことを尊敬するけれど」

しかし、会社を挙げてさん呼びを実行している会社も出始めています。

社長の方針で全員さん付けで呼び合う習慣が出来上がっている企業もあります。

普通の企業では男性の場合、上司以外は君付けで呼びます。年齢の尺度でいえば、同年か年下は君呼びになります。

ところが昨今は、成長企業では中途採用者が多く、またどんな会社でも実力主義による昇進差が拡大しています。

偉さと年齢の尺度の間にずれが生じているようです。君で呼び合っていた同期のライバル同士も、一方に「長」が付いた途端、君とさんとの上下関係になってしまいます。

こんな場合、差を付けられた方は、さん呼びより長呼びをするようになったりするもので、これには周囲も気を遣わされます。

人間関係のこうしたもやもや解消のためには、地位の上下間、老若間の呼び方は全て、さんで統一するより良い方法はないと思うのです。

私は、今でもこれからも肩書の入った名刺は持たない方針です。本当のやる気がある人ならば、肩書など気にしないものです。

あなたも肩書の入っていない名刺を使ってみませんか。そうすることによって、持てる潜在能力をフルに発揮しようと思う」気持ちが生まれて、自信が湧いてきます。

第22話 企業家精神の原点は縄文にあり

「芸術は爆発だ」という言葉を遺して84歳で亡くなられた岡本太郎氏が生前何度も行ったことのある八ヶ岳蓼科山麓に、尖石縄文考古館があります。

この考古館には、現在平成7（1995）年に日本最古の国宝として指定された縄文土偶、縄文のビーナスがありますが、その周りに展示されている縄文中期の土器の量の多さに驚かされます。

この縄文中期というのは、今から5500年前、日本の文化が初めて栄えた時代です。岡本太郎氏は、日本の最初のオリジナリティ、独創力は、縄文中期の文化の中にあると言っています。その当時の縄文土器について、

「日本で、しかも、自分たちの生活の中から生まれた生活者の激しさと力強さがあり、純粋である。今、瞬間瞬間に失いつつある人間の根源的な情熱を呼び覚ます、日本民族の生命力を感じる。そして、一つとして同じものがない」と言って、和の原点である縄文の心とそのオリジナリティを高く評価しています。

この縄文の心が日本人の企業家的マインド、企業家精神の原点となっているのです。日本人の血の中に脈々と流れているこの縄文の心が原点となって、我々はやる気を起こしているのです。

さて、この企業家精神は、今どうなっているのでしょうか。

現在の日本では、自営業がどんどん減っています。そして、企業家的発想や心の持ち方、心構えの体験を積む機会がなくなってきているのです。企業家精神が日本社会から急速に失われているのです。

その企業家精神の喪失の原因の一つに、偏差値中心の教育と人づくりがあるといえます。偏差値教育の弊害は、チャレンジ精神の喪失となって現れているのです。

例えば、偏差値教育では、良い成績をとればよいのであり、どれだけ有益なことを学んだかは、直接関係なくなる傾向にあるのです。

偏差値と言う点数の枠の中で自分の位置づけをするため、それ以上のリスクは取らない人材を潜在的に育てることになります。

そのためにも、サラリーマン的発想や官僚的な経営スタイルを持った企業人ではなく、企業家精神を持ったリーダーの育成、さらにはやる気のある事業家が自分の持つポテンシャルを十分に発揮できる社会の仕組みをできるだけ早く作らなければならないと思います。

第23話 やる気を起こす5人組

やる気を起こすお金の貸し方には、どんな方法があるのでしょうか。

これを実践しているのが、マイクロクレジットという、貧困層向けの無担保で少額の融資システムを創造したバングラデシュのグラミン銀行の総裁ムハマド・ユヌス氏です。

では、その貸付けの仕組みはどのような方法か探ってみましょう。

ローンは、原則として消費の目的ではなく、自営業の仕事に必要な資金として貸し出されます。ちなみに、グラミン銀行では、原則として女性にお金を貸しており、全体の97％を占めているというのです。

男性はお金を手に入れると、それを自分の遊びやギャンブルに使ってしまう傾向にありますが、女性は家族全員のために使い、ひいては地域の共同体全体に社会的利益をもたらす可能性が高いというのです。

ローンを受けるにはまず、同じくローンを受けたいと思っている仲間を見つけて、5人のグループを作るのです。

そして、ほかの4人からは協力を得なければなりません。

例えば、ローン希望者がほかの4人に、

「竹細工で籠を作る仕事をしたいので100ドル借りたい。その返済方法は……」と説明し、オーケーが出れば銀行に対して推薦してくれるというわけです。

その上で、グラミン銀行の行員が借入希望者の家を訪問し、事業をやれる能力や手工業品などを作る技術力が備わっているのか、またはそうした能力を身につけることができる見込みがあるかどうかなどを見極めるのです。

グループでは、最初に借りる2人を話し合いで決めるのです。そして選ばれた2人が貸付けを受け、その後の状況を4週間見守るのです。

順調であれば、残りの3人が同時に借りることができるのです。

このグループはお互いに協力し合い、励まし合うことで、精神的なサポートチームを作り、小さな社会的ネットワークとなるのです。

しかし、連帯保証のような契約のシステムはありません。グラミン銀行は、貧しい人々に単に施しものや交付金ではなく、信用を貸し付けているのです。

こうした仕組みは、お金の貸し手であるグラミン銀行と借り手であるグループメンバーとの間だけではなく、メンバー同士の相互信頼に基づいているといえます。

その信頼関係は、借り手自身のローンを返済する理由についてどう答えているかでも分かります。その返事とは、「私がグループのほかのメンバーを失望させるのは嫌だから」と言っているのです。

第24話 日本人はチームの運営が得意ではないのか

ラグビーやサッカーで日本のチームが強くなっています。

選手個々の力では劣る日本チームが強豪相手に勝利を収める最大の要因として挙げられる「チーム力の良さ」は、世界中から称賛されています。

ところで、日本は集団主義なので、仕事でもスポーツでもチームワークの重要性は十分理解しているし、チームの運営は得意だと私たちは信じて疑いません。しかし、これが実はとんだ思い違いであると指摘した学者がいます。

九州大学ビジネススクールの古川久敬教授です。

現状を見渡してみれば、チームやチームワークがうまくいっている組織や企業よりも、うまくいっていない組織や企業の方がずっと多いというのです。

なぜそうした思い違いが生じるのでしょうか。

古川教授によれば、チームを取り巻く3つの変化が起きているというのです。

その第一は、社会背景の変化です。

明日も今までと同じことを続けるだけでは、全く通用しなくなってしまいました。先がよく見えない曖昧な状況になってもリーダーは、次に何に取り組むかをしっかりした根拠をもって考えだし、チームを方向付け、動かさなければならないのです。これは、簡単なことではありません。

第二に、チームワークに求められる質の変化です。

報告、連絡、相談いわゆるホウレンソウを心掛けて、良好で和やかな人間関係を保つことはもちろん大切です。しかし、それだけでは時代の流れについていけなくなりました。チーム外の人々との連携を図りながら、チーム内でその情報や知恵を活かして行動しなければならないのです。

第三は、メンバーの意識の変化です。

個人的志向が強くなり、かつ、専門性を高めています。他社からの出向者も増え、年齢差もまちまちです。全体は少数化しています。そんな中でチームをまとめ、協力体制を作らなければなりません。

こうした状況の中でリーダーに求められる能力が変わってきているのです。リーダーは、職場やチームの状況変化に対応できるリーダーシップを発揮しなければならないのです。

第25話　こちらの心の持ち方で相手も変わる

日本では、全国で44秒に1組の新婚さんが誕生し、逆に約2分5秒に1組が離婚しています。

これらは平成21年の数字ですが、結婚の数が40年前をピークに減ってきているのに対して、離婚の数は上昇を続けています。日本では「あなた、お別れしましょう」と、妻の方から離婚を切り出すケースが増える傾向にあるらしいのです。

女性の経済力の向上と社会福祉の充実だとも言われています。男女に賃金格差のない国では、「家事負担の不公平」や「アルコール依存症」が離婚原因の上位にあるのですが、日本では「性格が合わない」がトップのようです。

こんな昔話を聞いたことがあります。

砂漠のオアシスの木陰に一人の老人が腰を下ろしていました。そこへラクダをひいた若者が通りかかり、老人に次のように尋ねたのです。

「この村に落ち着きたいが、どんな人が住んでいるのですか」

すると、老人は問い返しました。

「お前さんが住んでいた村はどうじゃった？」

若者が、

「ひどい村でね。たちの悪い人間ばっかりだった」と答えると、老人は言いました。

「この村も同じよ。もっとましな所に行った方がいいよ」

しばらくして別の若者がもう一人オアシスに着き、老人に話しかけました。

「この村に落ち着きたいんだが、どんな人が住んでいるのですか」

老人は問い返す。

「お前さんが住んでいた村はどうじゃった」

若者が、

「良い人ばかりで実に楽しい村だった」と答えると、老人はこう言いました。

「この村も同じじょ。良い人ばかりだ。住まわれるとよい」

このやり取りを近くの木陰で聞いていた男が、

「ご老体、いい加減なことを言って」と非難すると、老人は答えました。

「自分の住んでいた村を悪く言うのにろくな奴はおらん。心の持ちようで周囲も変わる」

離婚で心機一転やる気を回復する人もいます。

しかし、転職の場合もそうですが、別れた相手、辞めた会社の悪口を言っている人は、また同じ問題を起こしているケースも多いのです。

不平不満の主張、クレームをぶつけ合うだけでは、やる気も起きませんし、幸せはつかめないのです。

第26話 「好ましくない言動」への対応

「子供の好ましくない言動、言ったりしたりするmisbehaviorには全て目的がある」と、米国の心理学者ディンクメイヤー博士は説いていました。

そして、子供がやる気を失ったときに出てくる好ましくない言動の目的を4つのパターンに分けています。

第1の目的は、関心を引くことです。

子供は初め、自分が役に立つ、家族の中で立派で存在価値があるのだという意味で親の関心を引こうとしますが、それがうまくいかなくなると今度は、問題を起こして親や周囲の関心を引こうとするのです。

親はこうした子供の言動を出来るだけ無視すべきで、注意したり、罰を与えたり、なだめすかすことは、全て間違った反応だというのです。

子供が親の関心を引こうとして見せる言動ではなく、建設的な言動をした時に関心を示すのです。

第2は、主導権を握ることです。

他人を思い通りに支配したり、人の指図を「絶対やるもんか」と拒否することで、自己主張をします。親が子供と争ったり、屈服するのは、子供の権力志向をさらに強めて逆効果になります。親が子供に協力を求める機会を作って、力を建設的に利用できることを分からせるのです。親が子供と争ったり、屈服させることとは、子供の主導権を握ろうとする力を強めるばかりです。

第3は、復讐することです。

人から愛されていない、人から傷めつけられていると思い込んでいる子は、他人を傷つけた時に初めて自分の存在価値を感じるのです。罰を与えることを止め、好かれているという確信を子供に与えるのです。

第4は、無気力な態度をわざと示すことです。

誰からも期待されていないのだと周囲に思い込ませることで初めて、心の安らぎを得ているのです。最も症状の重い状態です。親はあらゆる批判を止め、小さくても良いところを見つけて勇気づけてあげましょう。

この4つは、学校と家庭、他人の家など場所の違いで現れ方も変わってくることに注意しなければなりません。これらの好ましくない言動に厳罰で臨んでも、ガミガミ言っても、効果はその場限りに終わることが多いようです。その場合、「親は、お節介したくなるのをぐっと忍耐し、口数を少なくし、勇気づけよ」と、ディンクメイヤー博士は説いています。

第27話　「それはよかった」

山川宗玄という禅のお坊さんから興味深い話を聞いたことがありました。その話は、『「無門関」の教え』という著書の中でエピソードとして紹介されています。それは、山川禅師が若い頃、師匠に仕えたときの話だそうです。

　本山に一本の電話が入ったのです。ある信者の方の会社が火事になり、工場が丸焼けになってしまったというのです。

　師匠は、直ちに火事の見舞いに行かれたのです。大きな工場が全焼してしまいました。その時、弟子の禅僧は車の運転役を命じられて、その工場に師匠と駆け付けたのです。会社に着いた時は、工場はまだ燻っている状態でした。

　事務所には社長と幹部社員が恐縮して待っていたのです。

　車が玄関に着き、師匠の言った言葉は、「おめでとう」でした。

　弟子の禅僧も車の中で「えっ」と思ったそうです。しかし、師匠はいつも、「困ったときは、しめたと思え」というのが口癖でしたので、何か意味があるのかと弟子の禅僧も思ったのではないかと思います。

「窮に窮して変じ、変じて通ず」という言葉も師匠はよく言っていたというのです。

「よくぞこういう困ったことを私にお与えくださいました。ここが力の発揮どころだ」というわけです。

「おめでとう。よかったよかった。こんなぼろ工場焼けてよかった。焼こうと思ったってそう簡単に焼けるものではない。焼けてもらってよかったではないか」

　こうして師匠は心からよかったということを一生懸命力説されたというのです。

ところが、その社長さんは、師匠に学んだ人ですから、なまじな人ではありません。師匠の「おめでとう。よかった」を聞いて、がらっと心の持ち方、心構えを切り替えたのです。すぐ電話の所に行き、自分の会社の関係者に電話して、最新式の機械を直ちに送るよう注文したそうです。

原材料の手配も何か所かにして再開に向かって動き始めたのです。

我々はみんな、出来事にどう反応するかで人生が決まります。

出来事に消極的な心構えで反応すれば感情も消極的になり、知恵も生まれず、行動も消極的になります。

出来事に積極的に反応すれば、積極的な感情、例えば勇気、自信、忍耐力などが生まれ、ピンチをチャンスに切り替える知恵やアイディアが泉のように湧いてくるのです。

行動も前向きになります。

第28話 人に手を貸してこそ自らも生かせる

「情けは人の為ならず」ということわざを、「人に情けをかけると却って当人のためにならない」というの意味だと思っている若者が多いと聞いています。

ミーイズムの影響なのでしょうか。国語辞典には、誤って広まった解釈としてこの新解釈もちゃんと収録されています。

いわば市民権を得たわけです。無論、本来の意味は、「人に情けをかけて親切にしておけば、よい報いが自分に返ってくる」ということです。

ところが、この情けとやる気の間には、深い関係があるのです。ある企業の人事課長Ｋさんはこう分析しています。

「定年のパーティの出席者の数や記念品、奉加帳の集まり具合には個人差が大きい。部下にかけた情けの量の違いでしょうか。いくらやる気満々でも、社内の人間関係を割り切って付き合ってきたミーイズム型の人は、定年時に人気がない。逆に人気が高いのは、部下に飲ませた酒の量の多かった人、面倒見の良かった人などが挙げられるけれど、これは表面的なもの。本質は、周囲の人をどれだけ大切に扱い、やる気を起こさせてきたか、その違いにあると思いますね」

というのです。自分のやる気が空回りする時は、ひとまず自分のことは忘れて周囲や相手を勇気づけるのです。それが回りまわって、「あなたのためなら人肌脱ごう」という協力者が現れるのです。結果としてあなたのやる気が活きてくるのです。

それでは、人にやる気を起こさせる具体的な鍵は何かといえば、相手のちょっとした長所や美点、うまくやった仕事、そのほかどんな小さなことでもいい、それを認めてあげることだ、と言われています。

ちなみに、あなたの部下や奥さん、あるいは夫、上司の長所を思いつくまま紙きれに列挙したらいくつ書けるでしょうか。

人が周りから高く評価されたいという欲望は、人間の心の奥底に潜む最も根源的な衝動の一つです。相手を褒めれば、その自尊心が満たされることになります。

しかし、心の底から人を勇気づける習慣を日頃から身につけておかないと、ごますりや嫌味にとられて逆効果になるでしょう。人生で成功するには、

①自分自身でやる
②人の手を借りる
③人に手を貸す

の3つの方法があります。私たちはこの激しい競争社会の中で、ともすると第三の道を忘れてしまいがちです。

第29話 先輩の愚痴にまどわされるな

「どうしてこんな会社に入ってきたの。人使いは荒いし、あんまりいいことないよ」

ある会社の社長が新入社員としてその会社に就職した時、先輩の男子社員からそんなことを言われたそうです。今でこそ年間売上高何千億円を超す企業ですが、当時は年商僅かでまだ海のも

のとも山のものともつかぬ中小企業でした。「中小企業でこそ自分の個性が十分に発揮できるはずだ」とその社長は意気込んでその会社に入ったのですが、その先輩社員の言葉はやる気に水を差すものだったのです。

特に入社した年の大晦日のことは今でも忘れないといいます。セールスやクレーム処理のため、お得意先に出かけたのです。ところが、６件目をようやく回った頃には、除夜の鐘が鳴り出していました。どうしてこんな会社に来てしまったのかという先輩の言葉が身に沁みました。「ただその時、３年間だけはなんとか頑張ってみようと思ったのです。意地みたいなものだったのでしょうけどね」と当時を回想してその社長は笑いました。

大企業よりもあえて中小企業を選んだのは自分だし、会社が自分にしてくれるのを待つのではなく、自分が会社にやってあげられることは何か、それを真剣に考えようと心に決めたというのです。その時もし先輩の言葉に心を動かされていたら、若くして社長に抜擢されるなど、あり得ないことだったでしょう。

また、次のようにも言っていました。

「中小企業に限らず、どんな職場に行ってもこういう言葉を吐く社員はいるものです。私の経験からすると、そういう社員は必ずしも付き合いにくい人間ではない。むしろ後輩たちの悩みを聞いてくれるような物分かりの良いように見える人もいます。それだけに説得力があるわけです。本当の親切であるかどうかは別として、とても親切に見えるものです」

さて、もう一つ若い社員に送るその社長の経験談を紹介しましょう。

「学校の同窓生が集まった時に私は奇妙なことに気づきました。とにかく何もかもうまくいっているとバラ色の話をする仲間と、全てが不満で愚痴ばかりこぼす仲間と、はっきり二種類に分かれていたことです。私には、どちらも間違っているように思えました。ビジネスの世界での生活というのは、楽しいこともあれば辛いこともあるのです。当たり前のことなのですが、生き方に洞察力の欠けている人はなかなかそこに気づかない」というのです。

第30話 スピードとベロシティはどう違うか

街を歩く人々のスピードで、その都市の景気が分かるのではないでしょうか。仕事で出張した時、私はいつも駅で降りた瞬間から、その街の人々の歩行のスピードを観察します。

王貞治氏は現役時代、

「バッティングの調子が良い時には、ピッチャーが投げてくるボールにスピードを感じません。一瞬止まったかのように見え、よく打てるのです」と漏らしていたそうです。

景気というのは、これとは逆に、好況のときには歩く人たちの動きは速く、不況のときには止まって見えるといいます。

仕事が順調で懐具合も良いと、自然と働く人々の心ははずみ、歩行も軽快でスピーディになるのでしょう。

例えば、かつての石油ショック直後の人々の動きは、それこそぴったりと止まってしまったかのように見えました。

こういったことを逆療法として活用するには、仕事の調子の悪い時にはスピードを上げて歩く、そうすると体の新陳代謝、脳の働きも活発になるのではないでしょうか。一代で立派な会社を築き上げたある社長がこう語ったのを聞いたことがあります。

「小学校を出て、丁稚奉公に出たのですが、ある時奉公先の奥さんに主人の煙草を買ってきてくれと言われました。そこで玄関先までゆっくり歩いて行き、そこから全速力で駆け出したところ、普通の人の半分の時間だったと褒められ、主人にもその話が伝わり、認められもしたのです」

かつて私が新入社員として商社に勤めていた頃、上司と一緒にタクシーに乗り、目的地に着いて料金を払い、もたもたとお釣りをもらっていたところ、その上司に怒られたことがありました。

「商社マンの世界では、あらかじめメーターを見て釣り銭のいらないようにぴったりの金額を用意しておくくらいの先取りの精神と気が利かなければいけない」と言うのです。スピードが必要なのは、運動選手だけではないようです。

ところが最近は、企業経営者が経営方針としてスピードを社是のように取り上げ、社員に要求するようになってきました。しかし、スピードはあくまで戦術レベルの話で、戦略的思考ではないのです。

スピードと違って、ベロシティという概念があります。これは、方向性や目的を持った速度という意味です。目標や目的に向かってエネルギーの波動が伝わっていく速さでもあります。これはエネルギーの量だけでなく、質が大切になってくるのです。

スピードだけでは、このエネルギーの質を低下させることになるのです。

スピードだけを追求してベロシティを軽視し、逆にチャンスを失うことがあることも忘れないようにしましょう。

第31話 無意識に巣食う「治りたくない願望」

むち打ち症というのは、治療の難しい病気ではないのに、全く治らない人もいるのです。

背骨の矯正術の権威がその理由を話してくれたことがありました。

思わぬ時に後ろから車をぶつけられ首が回らなくなった患者の中には、1年も2年も通院する人がいるというのです。

本人にとっては、大変な災難に違いありません。しかし、それが簡単に治る人もいれば、非常に長引く人もいるのです。どうしてそういうことが起きるのでしょうか。

そのドクターの説明によると、治療が長引く人は、概して加害者との話し合いがこじれている場合が多いといいます。

事故の後、加害者から誠意ある挨拶が来なかったり、治療費でも揉めたりするといつまでも痛みが抜けないそうです。病気のことは専門外なので断定的なことは言えませんが、この話には頷けるところもあります。

こうした心の働きを「失敗する意志」と「ＡＩＡ心のアドベンチャー」では呼んでいます。人は病気を治したいと思っているつもりなのに、心の奥底ではむしろ治らない方がいいと望んでいるのです。治したくないという意志が働いているのです。

「もしこのまま病気が治ってしまえば、相手から、やっぱり大したことがなかったではないか、と言われるのではないか。そうなると治療費の交渉もますますこじれてしまう」

そんなことを無意識のうちに考えている場合もあるのです。

こんな悪魔の囁きに気づいた人はいないでしょうか。

子どもの頃を振り返ってみると、こんなことに思い当たることがあります。クラス対抗のリレー競争で自分はアンカーでした。自分はアンカーでした。

自分のチームの選手がトップで走ってきました。本当なら喜ぶべきことなのに、その時自分は、「できることなら遅れてきて欲しい。途中でバトンでも落として欲しい」という気持ちに駆られていたのです。

「その方が気が楽なのにな」と心の中で考えているのです。その結果は、バトンタッチをミスしてしまうのです。

人は常に成功を目指し、向上心に溢れているとは限らないのです。時には、失敗することによって自分の意志を表明することだってあるのです。

日々の生活の中で仕事やスポーツで、また困難に直面した時など、失敗してしまう方が楽だと思うことがあります。

さて、あなたの失敗しようとする意志には、どんなものがあるでしょうか。

第32話 愚痴は人生を後ろ向きにする

ケネディ兄弟の母親ローズ・ケネディ夫人は、子ども達や周囲の人達に一度も愚痴をこぼしたことがないことで有名です。彼女は9人の子どもを育てましたが、そのうち4人は非業の最期を遂げています。

ケネディ家の期待を担った長男は第2次大戦で戦死、米国大統領になった次男のジョンと司法長官をやった三男のロバートは暗殺されてしまいました。

また、次女も飛行機事故で亡くなっています。そして、日本ではあまり知られてはいませんが、長女のローズメリーは知的障害で、ローズ夫人が育てるのに最も時間をかけた子どもでした。

母親としてこれほど悲しい思いをしながら、彼女は一言も愚痴めいたことを言わなかったというのです。

それに反して多くの人々は、日常生活の中で愚痴の材料に事欠きません。

自分の思い通りに事が運ばなかった時、

「もしあの時こうだったら」と、後ろ向きに考えてしまいがちです。当然のことながら、突破口は見つからず、愚痴を繰り返すことになるのです。自分自身に対してはもちろん、それが子ども達にもマイナスの影響を与え、やる気を失わせてしまいます。

ローズ夫人は知的障害のローズメリーのために、分かりにくい筆記体の文字を使わず活字体で文章を書くように心がけたと言います。

最初は娘に文字を教えるためにそうしていたのですが、気がついてみたら彼女のあらゆる文章が活字体になっていたそうです。

娘が知的障害であるという事実を素直に受け入れる勇気があったので、彼女は愚痴を言わなかったと言ってもよいでしょう。

では、あなたの愚痴っぽさがどの程度なのか、ちょっと試してみませんか。次の10項目の中であなたが思い当たるものはいくつあるでしょうか。
①もしこの人と結婚していなかったら
②金持ちの家に生まれていたら
③もっと若かったら
④もっと良い学歴さえあったら

⑤もっと良い会社に就職していれば
⑥借金さえなければ
⑦上司が自分の能力を正しく評価してくれたら
⑧出来の良い子どもさえいたら
⑨もっと体力があれば
⑩もう少し運に恵まれていたら

このうち普段あなたが使っている言葉が5つ以上あれば要注意。8つ以上だったらかなり重症の愚痴こぼし病です。

第33話 たくさんの美点と少しの短所

かつて人間関係の講座の参加者に、
「あなた方に嫌な気持ちを起こさせてしまってどうしても寛容にいられない状況や人物を書き出して提出してください」と頼んだことがあります。

礼儀を知らない人、
自分のことしか話さない人、
大声で述べつ捲し立てる人、

のらりくらりとしている人、
きつい仕事を終えて家に帰ったとき家中が片付いていない時、
約束の時間に現れない人を待つ時、
心配りが浅い人、
やたらと人の噂をする人、
人の欠点ばかり喋る人、
これはこの答えのほんの一部ですが、世の中には沢山の寛容でいられない状況があります。こうした状況は、私たちの精神エネルギーを普段の３、４倍必要とし、精神的スタミナを浪費してしまいます。
では、どうしたらこのような状況に対して寛容になれるのでしょうか。
こんな話が「ＡＩＡ心のアドベンチャー」の研修の中で紹介されています。
ある日、村のガキ大将が子ども達を集めてとくとくとして言いました。
「俺、いいことを思いついたんだ。俺の考えた質問には、あの老いぼれた仙人にも絶対に正しい答えができないぞ。というのはな、小鳥を一羽捕まえたのさ。こいつを両手に隠してあいつの所に行ってみようぜ。こいつが生きているか死んでいるかを当てさせるのさ。もしあいつが『生きている』と答えたら、俺は何食わぬ顔でこの小鳥の首をそっと絞めてあいつの足元に放り投げてやる。もし『死んでいる』と言ったら何もせずに小鳥を飛ばせてやろうじゃないか」

仙人に会うとガキ大将が言いました。

「仙人様、僕が持っている小鳥が生きているか、死んでいるか、分かるかい」

年老いた仙人はしばし黙想していたが、やがて口を開きました。

「子どもよ、その答えはお前の手が握っている」

寛容についても同じです。私たちが寛容になれるかどうか、その答えは私たちの手の中にあるのです。なぜなら、自分の考え方を選び取る権利の大部分は、私たち自身が握っているからです。

他人を憎むのも批判するのも咎め立てするのも、そういった考え方を自分の心の中から選び出したのは私たち自身なのです。

寛容、それは言い換えればただ単に他人をあるがままに受け入れるということかもしれません。あるがままの他人、それは沢山の美点と少しの欠点を持っているからです。

第34話 〝自分の心のフォーム〟見えますか

プロ野球では、一流と言われる選手は独自の合理的なフォームがきちんと固まっているといいます。世界のホームランバッターと言われる王貞治氏ほどの人でも、現役時代に何週間もホームランが出ない大スランプに襲われたことがありました。

王貞治の、あの一本足打法を指導したのが荒川博氏ですが、スランプに陥った王選手は必ず荒川邸を訪れて、素振りを繰り返してフォームの点検を受けていました。

荒川氏が巨人を去った後もこの子弟コンビが続いたのは有名な話です。

しかし、荒川氏は、王選手に何か特別な指導をしたわけではありません。いつも一本足打法のフォームを正しく思い出させるだけだったというのです。

また、ゴルフの帝王ニクラウスもシーズン前には、師匠のグラウトのもとでフォームのチェックを受けていました。スポーツでは、どんな名選手でも不動のフォームを崩してしまう時があります。

しかし、こうしたフォームは、目で見えるものです。初め自分で分からなくても、写真やビデオを見たり、周囲の人のアドバイスを聞くうちにはっと気づくことがあります。

あなたがゴルファーなら、パートナーのふとしたコメントがいつの間にか狂っていたグリップやスイングを立て直すきっかけになった経験があるかもしれません。

翻って、私たちが仕事や対人関係、家庭生活で経験するスランプは、心のフォームが崩れて起こります。なぜそうしたことが起こるかというと、体の筋肉が弱くなってフォームが崩れるように、心の筋肉も弱くなるのです。それが心のフォームを崩すのです。

体と心の筋肉はお互いに関係しているのかもしれません。

ところが、この心のフォームは、現在では写真やビデオでははっきり映し出して見ることがなかなかできません。

私たちが積極的な心のフォームを持っているか、消極的な心のフォームを持っているかに気づいている人は、100人の中2人位しかいないとも言われています。

私たちがやる気をフルに起こしてことを成し遂げるには、それなりに心の持ち方、心構え、つまり自分の心のフォームがきちんと決まっていなければなりません。

無論、状況の変化に対応できるようなしっかりしたフォームであることは、スポーツの場合と同じなのです。

第35話 あなたの全財産はどこにあるのか

こんな話を聞いたことがあります。

ギリシャの哲人ピアスが海で遭難した時の話です。

海は大荒れに荒れ、船は転覆してしまいました。船員も乗客も死に物狂いで陸を目指して泳ぎ始めたのです。陸が見えたのが幸いでした。しんがりに船主と哲人ピアスも素っ裸でふらふらになってやっと浜にたどり着いたというのです。

「ああ、これで万事休す。全てを失った」と、船主は天に叫び、顔を砂にうずめて激しく泣き始めたのです。ところが、哲人ピアスは平然としていました。そして、

「俺は全財産を身に着けている」と空に高々と拳を振り上げながら叫んだのです。船主はその声

に驚いて哲人を見上げました。

「私は全財産を失ったのに、あなたは全財産を身に着けていると言う。あなただって素っ裸ではないか。何を身に着けているんだというのだろう」

それに対して哲人は、

「物は必ず失うものだ。人間だって死ねば全てがなくなる。今、俺は生きているじゃないか。生きていれば、俺には考える力がある。この考える力こそ俺の全財産だ」と、両耳に手を当ててからゆっくりと自分の頭を撫でまわし続けたという話です。船主は持ち船も身に着けていたお金も宝石も一切合切失ってこれでおしまいだと言ったのですが、ピアスは考える力を持つがゆえに人間の最大の資源が残っていると言ったのです。

人生では誰でも一度や二度、窮地に陥ったり困難に出会うものです。

しかし、窮地に追い込まれた時こそチャンスがあるのです。

ところが、普通は、最悪な時には、心の持ち方、心構えが消極的になってしまい、そのために不安、心配、絶望といった消極的な感情の方が強くなるのです。

そして、自信、勇気、希望といった積極的な感情を殺してしまうのです。

その結果、前進するエネルギーが生まれず、行動も消極的になってしまうのです。

ロロ・メイという心理学者は、

「人は最悪の機会に立ち至った時、すなわち絶体絶命の絶望に出会った時、その時こそ人は永遠上がるぞ」という勇気が湧いてくるというのです。

いうのです。「人生の底まで落ちたのだから、これ以上落ちることはない。よし、これから這い

の力を発見する」と言っています。そうした時こそ心のリズムにダイナミックな変化が起きると

第36話 肥満克服、その積極性がビジネスに

ある小学校の運動会を見学したときのことです。

かん高い歓声の中をゴールめざして懸命に走る子どもたちを見ていたことがありました。私は、トップより最下位の子に注目して見ていると、最下位の子どもたちはほとんど肥満児であることに気がついたのです。

例えば6年男子では、1組6人で20組中で16組の最下位が肥満体、また5年男子でも、20組中15組で肥満体が最下位でした。

「太っていると、足が遅いのは当たり前で、何を今さら……」とおっしゃる方も多いでしょう。スポーツの世界では、体重がものをいう相撲やハンマー投げなど、肥満体が活躍できるチャンスも少なくありません。しかし、ビジネスの世界では、肥満はますます不利になってきています。

ハワイのホノルル市長が、局長、次長20人に減量命令を出したこともありました。

「私は、前から太りすぎの局長や次長の健康が気になっていた。彼らが健康を維持することは本

人のためでもあり、仕事の能率で市民に奉仕できる」というのが当時の市長の弁でしたが、健康ややる気増進の狙いのほかに、実はもうひとつの意味が隠されていたのです。それは、「肥満者は自己管理能力に問題あり」という警告です。肥満は、カロリーの「入り」と「出」の不均衡から生じます。

ですから、「入り」の超過を続けて、自分の体を肥満状態に至らしめた不手際が問われているのです。

ある調査によると、ヒラのビジネスマンが１日に歩く歩数が約７０００歩なのに対して、部課長クラスは半分以下の３０００歩。トップになるとたった２５０歩というケースもあったといいます。

要するに、管理職の肥満は、運動不足の一語に尽きるのです。

世界で話題になっているカナダ・ケベック州から生まれたサーカスエンターティンメント、シルク・ドゥ・ソレイユというショーがあります。その日本版とも言えるマッスルミュージカルの自転車や縄跳びなどの記録を持つプレイヤー達と食事したことがありますが、彼らはさすがに健康自己管理能力を徹底させています。

若いのに酒を勧めても飲まず、太ったところは微塵もありませんでした。月並みですが、やはり、私たちは歩く時間を増やすことから始めてみてはいかがでしょうか。

第37話

講演会や授業で前の席に座る人

「心のアドベンチャー」を開発したボブ・コンクリン氏がこんな体験を語ったことがあります。「講演会やセミナーなどで、最前列に座っている人と後ろの方にいる人とでは、収入がまるで違うということをご存じですか。私の体験だと、2倍の差がある場合もあります。もちろん、前の方が多いんです」

何となく分かるような気がする半面、本当かなと疑問に思っていました。

そこで、あるセミナーで、私はちょっとした調査を試みたことがかつてありました。

若手の経営者が集まったそのセミナーで、全員に小さなアンケート用紙を配り、現在の年収と、将来得たいと思っている所得を記入してもらったのです。

無記名による調査で協力してもらいました。

結果はどうだったでしょうか。最前列の人の平均年収が580万円なのに対して、最後列は470万円。2倍の差はありませんでしたが、前列の人は後列に比べて約3割も収入が多かったのです。一方、将来に期待している収入は、前列が1350万円で、後列は940万円。こちらは44％の差が出ました。

年収の高さだけがその人間の価値を決めるわけではありませんが、この調査結果は、やる気と自信がいかに大事かを物語っているように思えます。

とにかく、後ろの方に座っていた人の方が収入が少なかったのです。引っ込み思案だったり、消極的な気持ちになると、後ろの方に目立たないように座るのでしょう。

気持ちを奮い立たせて前へ出る積極的な心構えが必要だということです。

慶應義塾大学経済学部長だった大熊一郎教授は、授業に出てくる学生たちを長年観察してきて、「いつも前の方の座席をとる学生は、社会に出てから必ずといっていいほど成功している」と言っていました。同じ入試をパスしてきた学生たちですから、能力にそれほどの差があるわけではありません。しかし、そこで積極的な心構えを身につけるかどうかが、社会に出てからの分かれ道になるというのです。

自分が積極的な人間なのか、消極的なのか、それを知る手だてを紹介しましょう。それはグループで写真を撮るときに、自分がどこにいるかを見るのです。みんなの真ん中あたりにいることが多ければ積極人間ですし、いつも隅の方にいることが多ければ消極的に生きている証拠かも知れません。試しに、何枚かの写真を取り出してみてはいかがでしょう。

第38話　アポロ・シンドロームとは何か

チームワークを最大限に発揮する集団をつくるにはどうしたらよいでしょうか。もし、あなたがチームをつくる場合、優秀なメンバーを選んで、強力なチームをつくることができるとしたらどうするでしょうか。

仮に、頭の良い人、理想的な人を自由に選べるとしたらどうしますか。

こうしたチームを作って独創的な実験をした研究グループがありました。英国のヘンリーにあるヨーロッパ最古の経営大学とケンブリッジにある産業研修研究所が共同で行った研究です。チーム実験のプロジェクトのリーダーシップを取ったメレディス・ベルビン博士は、実験的に1チームの構成がほぼ5人前後のチームを120作り、「マネジメントチーム」と呼んだのです。その中でも画期的な試みは、知的能力がそれぞれ違うチームを編成したことでした。そして、頭脳優秀なチームを知的能力が劣るチームと比較したのです。

また、知的能力の高いメンバーを揃えたチームにはアポロカンパニーという名前を付けました。当時、アメリカが月面着陸に成功したアポロ計画にちなんだ名前です。

結果は、思いがけないものとなったのです。

知的能力が決め手になる演習で、賢い人々のチームが勝つのは当然と思われて結成されたアポロチームが最下位に終わったのです。

なぜかというと、アポロカンパニーのメンバーは、実を結ばない議論に長い無駄な時間をかけていたのです。各自が自分の考えを他のメンバーに納得させようとしていたのです。

我が身かわいさからか、誰一人持論を曲げず、また相手の意見を変えることもできなかったのです。まとまりを欠き、非現実的な論争に終始し、意思決定ができないまま制限時間を迎えてしまったのです。

数年間に25のアポロカンパニーを作ったのですが、そのうち、成功したのは3回だけだったというのです。聡明な人々が集まったカンパニーがこれほど失敗するとは、誰にも予測できませんでした。アポロカンパニーは、優秀だといわれる人財を持つ有利な条件を持ちながら、成績は平均すると他のチーム以下だったのです。

優秀な人財やスキルの高い技術者を採用した企業で、考えもつかない事故を起こしたりすることがあります。このような現象を「アポロ・シンドローム」と呼んでいます。

第39話　伸びる子どもに

ある小学校で、こんな調査が行われました。

学年初めに、生徒に対してテストが行われたのです。その後で、それぞれのクラスのうち何人かの生徒が「かなり伸びる子」として選ばれたのです。

教師たちだけには、1年後に飛び抜けていい成績をあげるだろうと予想される生徒の名前が告げられました。そして、1年後に予想は見事に当たったのです。

「かなり伸びる子」といわれた生徒たちは、実際にほかの生徒たちよりはるかに良い成績をあげました。

教師たちは、

「この生徒たちは、他の生徒よりも、学習に対する興味と好奇心が強く、学校生活を楽しんでおり、環境によく適応していた」と報告したのです。

ところが、学年初めに「かなり伸びる子」として選ばれた生徒たちは、実は全く無差別に心理学者達によって抽出されたのでした。

選ばれた生徒と他の生徒との違いといえば、生徒の名前を聞いた教師たちが、彼らの名前をずっと心の中にしまい続けていた、ということだけだったのです。

「かなり伸びる子」という言葉が、教師たちの心にある変化をもたらし、その結果、彼らに接する教師の態度が期待と勇気づけと信頼の度を増したのです。

「かなり伸びる子」に対するときの教師の心構えは、他の生徒に対応するときに比べれば天と地ほどの差があったのかも知れません。

我々の心の持ち方は、自分自身の考えや感情、行動の仕方を決めるばかりではなく、自分の周りの人に対して影響を及ぼすものです。

人間の心構えには、お互いに共鳴し合う特徴があるのです。この場合は、教師の心構えが「かなり伸びる子」として扱われた生徒の心構えに影響を与え、良い結果を生み出したのです。

この例からも分かるように、人間は心構え次第で大きく変化します。

自分の周りの人々に積極的か消極的かいずれかの影響を与え、その結果、自分自身が建設的な人間になるか、あるいは破壊的な人間になるか、無気力な人間になるかが決まるのです。そして、最後には、人生で大往生できるかどうかも心構えによって決まると言えます。

私が一貫して心構え（心を磨く習慣）の重要性を説き、そのことを繰り返し訴え続けているのは、日本人の生活にもう一度「徳育」を取り戻すためなのです。「心の理」を無視して「物の理」だけに執着していては、益軒の言う３つの楽しみを手にできないまま不幸な人生で終わることになってしまいます。

１回しかない人生ですから、そうした取り返しのつかない生き方を避けるためにも、益軒を初め江戸時代の先人が残してくれている教訓に学ぶべきです。

※３つの楽しみ
①道を行い心得違いなく善を楽しむこと。
②病気がなく気持ちよく楽しむこと。
③長生きして久しく楽しむこと。

第2章　志が人を動かす

プラス思考と心構えの関係

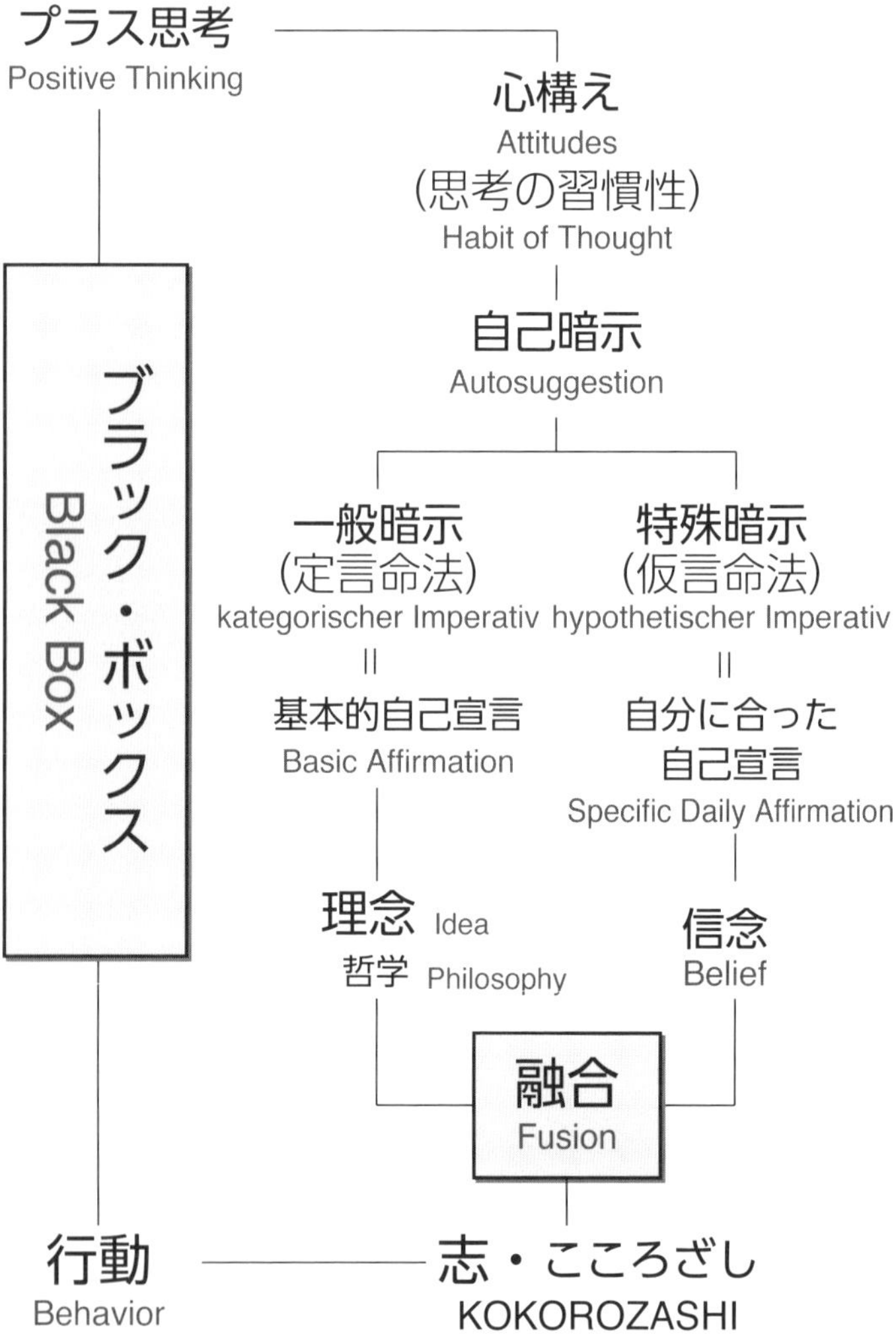

プラス思考
Positive Thinking
心構え
Attitudes
(思考の習慣性)
Habit of Thought
自己暗示
Autosuggestion
ブラック・ボックス
Black Box
一般暗示
(定言命法)
kategorischer Imperativ
=
基本的自己宣言
Basic Affirmation
特殊暗示
(仮言命法)
hypothetischer Imperativ
=
自分に合った
自己宣言
Specific Daily Affirmation
理念 Idea
哲学 Philosophy
信念
Belief
融合
Fusion
行動
Behavior
志・こころざし
KOKOROZASHI

第1講　哲学信念

あなたのやる気は本物ですか？

やる気はどこから生まれるか

なぜ、ある人はエネルギッシュに仕事を推し進めていて、ある人は何の目的や志もなくずるずるとした無気力な生活を送るのでしょうか。

充実した生活を送る人がいると思えば、一方で絶えず不満や不平にさいなまれている人がいるのは、いったいなぜでしょうか。

その答えのカギは、魔法のように神秘的な、ある一つの言葉、セルフ・モティベーション、「内発的なやる気」という言葉のなかにひそんでいます。

セルフ・モティベーションとは人を行動へと駆りたてる目に見えない要素です。

内発的なやる気で動機づけられた人々は、強い心の推進力、志のエネルギーを持っています。

企業にとっては、セルフ・モティベーションは成長と沈滞の差を生み、個人にとっては成功と失敗の差を生み出します。

営業の世界でやる気とは……

ところで営業の世界では、管理者の多くが最大の問題は部下の動機づけ、モティベーションであることを知っています。

彼らは、これまで、営業担当者に刺激を与える計画、すなわちコンテスト、ボーナス、表彰、激励会など、およそ想像できるあらゆる手段を試みてきました。

あなたがやる気になる要因は次のどれでしょうか？

報酬ですか。つまり、お金のためにやる気を起こす？

人ですか。つまり、指導者（上司）のためにやる気を起こす？

哲学信念ですか。つまり、自分の信念や志のために（人生の目的を満足させるために）やる気を起こす？

心の満足ですか。つまり、名声、安定感、友情、目標の実現など心理的満足のためにやる気を起こす？

気分ですか。つまり、快適さのためにやる気を起こす？

未来のためですか。将来、安定した生活の保障を獲得するためにやる気を起こす？

誤った仮定とは何か

何千年もの間、人間は内発的なやる気を起こす秘訣をつかもうとしてきたのです。そして、私たちはいまもなおやる気を起こすための新しいアイデアを捜し求めているのです。それなのに、いまだに満足のいく解答を見つけ出すことができないでいます。

それは、ある、まったく簡単な理由から、私たちはやる気を起こす秘訣を見出すことができないのです。

これまで、私たちは誤った一つの仮定に盲目的に従うことによって、ほかの人々を、あるいは自分自身のやる気を起こそうとしてきました。

つまり、私たちは何かほしいという気持ち、労働時間を短縮してもらいたいという気持ち、人に認められたいという気持ち、早く引退したいという気持ち、その他もろもろの物質的な、あるいは目に見える利益を求める気持ちに訴えることによって、やる気を起こさなければならないと考えてきたのです。

セルフ・モティベーション、すなわち「内発的やる気」は、実は何かほしいという気持ちではなく、信じるということです。あなたがしている仕事を信じることです。内発的やる気とは、個人が自分のために養うものです。それは外から与えられるものではなく、自分自身のなかで培うものなのです。

人を動かさずにはおかない強力なセルフ・モティベーションとは、何かほしいという気持ち、あるいは自分がおかれている環境、自分が接する人々、働いている会社または仕事、などから生まれるものではありません。

それは信じるということ自体がある種の力を発揮するのです。その力が心の中で芽生え、成長していくものなのです。

私たちがこのことを理解し、自分の心の中にこの力をいかに培うかを知れば、セルフ・モティベーションはすべての人々が持つことができる力なのです。

あなたの哲学信念のレベルを測定する

いま仮に、あなたが新車を買ったとしましょう。

ショールームから出したてのピカピカの車を運転したとき、きっとその車に夢中になるでしょう。その車の性能を信頼し、そのすばらしさを確信することでしょう。

ところが車を買ってから、1、2年くらいたって、仮にそろそろキャブレターがこわれたり、小さな接触事故でキズがついたりすると、その車の価値が信じられなくなってくることでしょう。利益を得られなくなると、あなたはとたんにその車に興味を持てなくなるのです。

これと同じことが、仕事についても言えるかどうか、自問してみてください。

会社が会社員の給料を30%カットすると言ったとしたら、あなたはどういう態度をとるでしょうか。そのことによって、あなたの信念が変わることはありませんか。それがあなたのやる気に影響を与えるといったことはありませんか。

人は、お金、あるいはその種の金銭的な報酬だけでやる気を起こす場合もあります。しかし、心から満足することがありますか。

もちろん給料があがったり、ボーナスをもらったりしたときには、一時的な満足感が与えられます。しかしこのような満足感はすぐに消え、それと入れ替わりに不満や不平がだんだんと忍び込んできます。

地位や肩書も同じです。与えられた時はうれしいですが、そのうちにそれにたよるようになります。

自動車王ヘンリー・フォードは言っています。

「お金が独立のための唯一の望みだったとしたら、あなたはいつまでたっても独立することができません」

あなたは信念のために働いていますか。それとも金銭的な利益のために働いていますか。生活のために働かなくてはならないのは分かっています。そのために収入が必要なのも分かっています。しかし、ただそれだけのために、仕事をしているとしたら、われわれはお金に支配されてしまいます。

あなたの哲学信念は批判に対してどのように反応しますか

ボブ・コンクリンがこんな話をしてくれたことがありました。

「８年前の話ですが、私は60人くらいの規模の会社で働いている１人の社員に会って話したことがあります。その時彼は次のように話してくれました。

『いまの会社について、一つだけ問題になる点があるんです。というのは、ほかの社員はぶつぶつ不平や不満をいうことしかしらないんです。それがやりきれません。私は、いまの仕事をあくまで続けようと決心しました。自分の仕事と会社を信じているからです。そうでなかったら、とっくの昔に打ちのめされていますよ』

当初、彼の給料はけっして高いとは言えませんでした、しかし、大きな夢を抱いていました。常に積極的で建設的な考えで、仕事に取り組んだのです。

その後、彼の会社は、大きく成長し、現在は会社の役員になり、一軒の立派な家を構え、会社においては部下から仕事ができ、人格者でもあると敬い慕われるようにもなったのです。ところで、彼の同僚はどうなったでしょうか。2人は死に、5人は健康をそこねて働くこともできなくなり、他の会社に移っていった人も大勢いました。しかし、8年前より良い仕事についている人は1人としていなかったのです」

あなたは、あなたの会社や仕事を批判からすばやく守ろうとするでしょうか。それとも、あなたの仕事にたいする信念は、批判のまえにはグウの音も出なくなってしまうでしょうか。また内部告発が流行のようになっている現在、会社を批判から守るなんて古いとお思いでしょうか。

どう考え、どう行動するかはあなたが選ぶことです。しかし、今やっていることに志があるなら、今の仕事で今の会社のなかで改革をしていく、職場や会社にとって頼られる力になれるのではないでしょうか。

ある学校の教師が言っています。

「批判から身を守るということは、なま易しいことではありません。父兄はわたしたちを批判します。いっぽう教師は教師で、生徒や父兄を批判します。さらに学校側や校長も批判します。もちろん校長も教師を批判します。こんな状況で良い人づくりができるわけがありません」

なお、第1講の「信念」の前に「哲学」を入れたわけを簡単に説明します。信念（Belief）は、個人の目標、カントのいうところの特殊暗示（仮言命法）になりがちになり定言命法の一般暗示の理念の重要性をより明確にするため哲学（philosophy）を入れ「哲学・信念」としました。

第２講　信頼

百万言《ひゃくまんげん》より強く、信頼は人を動かす！

人はあなたの信頼を１０００倍にして返してくれる

ボブ・コンクリンが、大金持ちのある人物にこんな質問をしたことがあります。

「どうして、そんなに一生懸命に働き続けるのですか？　あなたは使い切れないほどのお金を持っているし、その道で頂点を極めている。それなのに、なぜそんなに働くのです？」

すると彼はこう答えました。

「何年も前、私はアルコール中毒でした。落ちるところまで落ちて、財産も友だちも、プライドも野心も、何もかも失いました、そして周囲の人間はみんな離れていったのですが、妻だけは違いました。私を、私が立ち直ることを、信じてくれたのです。その信頼に私は救われました。その信頼の上に、人生を築いてきたのです。最初は、私に対する妻の信頼は間違いでないことを証明したい、という願いに衝き動かされました。そして自分がうまくやれることを実証したあとは、彼女が私のためにあきらめたものを、すべて取り戻してやりたいと思いました。そして今、私の日々の活動は、彼女の信念のデモンストレーションなのです」

かつて、日経連の会長だった鈴木永二さんが、私の趣味は〝妻〟だと、惚気《のろけ》ではなく真面目に言っていたことがありました。これと相通じるところがあります。

人の人生に並々ならぬ影響を及ぼすような人物になりたければ、この女性が持っていた能力、つまり人を信じる力を身につけてみたらどうでしょうか。そうすれば、人はあなたから贈られたものを、1000倍にして返してくれます。

喜び、富、友情、愛、そして評価といった、他の人からしか得られないものを、あなたの心にたっぷりと注いでくれます。そして、あなたの成功と幸福にとって、計り知れない力となるのです。

人を信じる秘訣は「完全な人間なんかいない」と、人の欠点を受け容れること

人を信じることの第一歩は、誰にでも欠点があり、完全無欠な人なんてどこにもいないことを理解して、相手を、相手の欠点も含めて心ひろく受け容れることです。

これは恋愛、結婚という〝場〟で多くの人々が実践している、ごくごく当たり前のことです。いま世界には何十億という恋人たち、夫婦がいますが、そのどのカップルも、相手の欠点を受け容れない限り成立しないものであることは、容易に理解できるはずです。

これは職場においても同じです。

上司、同僚、部下の一つひとつの欠点にとらわれて、「××は△△だからどうしようもない」といったふうに、相手の欠点を挙げてばかりいたのでは、相手をあなたは信頼できなくなります。

営業力も信頼が基本的心構え……

業績のよい１００人の営業担当者が、どうやってお客さまの信用と信頼をつかんでいるかをくわしく調べたところ、いくつかのことが明らかになりました。

まず、優秀なセールスパーソンは、信頼のムードができるまでセールスを始めないように、多くの場合努めていました。そして、つねにお客さまの気持ちに合わせてセールスを進めていました。その一つの方法は、お客さまが笑えば自分も笑い、相手が黙れば、自分も黙るのです。服装も、行動のしかたも、考え方も、お客さまに合わせていました。

セールスのはじめの段階では、お客さまが賛成できることだけを話していました。

このセールスの名人たちが、言葉や、あるいはその他のすべての方法で相手に伝えようとしていたのは、こういうことです。

「あなたと私はじつによく似ていますね。どうぞご安心なさってください。私は信用し、信頼して大丈夫な人間ですよ」

と、彼らは〝私〟という言葉を忘れて、お客さまに語りかけていたのです。

第3講 謙虚

自分をけなしたり必要以上に慎み深くすることが謙虚なのではない

心を虚にしよう

謙虚とは、自分以外の人が、自分にとっていかに大切であるかを自覚し、その気持ちを態度で示すことです。自分をけなしたり、劣等感を感じたり、あるいは必要以上に慎み深くすることが謙虚ではありません。私たちが生きている世界や人生とは違うタイプが、たくさんあることを積極的に認めることです。

さて、日本で「謙虚」を倫理の中心概念に位置づけたのは中江藤樹だと内村鑑三は、はっきり言っています。

1908（明治41）年、内村鑑三が英文著作『Representative men of Japan』（『代表的日本人』）の中で取り上げた5人の日本人の中に中江藤樹（1608—48）という江戸期の儒学者がいます。

内村鑑三は藤樹のことばを次のように紹介しています。

「慢心は損を招き、謙譲は天の法であり、謙譲は虚である。心が虚であるなら、善悪の判断は自然に生じる」

　このことばの元の英文は、

「Fullness invites loss, humility is Heaven's law. Humility is emptiness. When the mind is empty, the judgement of good and bad comes by itself.」

　となっています。humility という単語は謙譲と訳されています。

　内村鑑三は、藤樹がこの humility の徳に、最高の位置を与えているという事実を指摘しています。その理由として、内村鑑三は、藤樹が「虚」ということばの意味に言及した次のことばを引用しています。

「昔から真理を求める者は、この語につまずく。精神的であることは虚であり、虚であることは精神的である。このことをよくわきまえなければならない」

「謙譲は虚である」

　ということは、謙譲は謙虚・ひかえ目ですなおになること（広辞苑）と、ほぼ同じ意味ということになります。また謙譲は虚をマスターすることによって謙虚にいたるとも言えます。

　ボブ・コンクリンも humility ということばを大切な心の持ち方として、テープ・メッセージの中で取り上げています。そこでは、humility を謙虚と訳しました。「虚」をマスターした究極の心の状態を表現したからです。

　さて、それでは謙虚についてさらに考えてみましょう。

心の3つの世界とは何か

私たちの心の営みや、3つの異なった世界に分かれています。

第1は、目に見えない精神的な世界です。

瞑想の世界です。毎日の生活の重荷や争いから、心を開放する世界でもあります。

2番目は、自然や、社会の環境の世界です。

私たちを取り囲んでいる人々や物、出来事、状況などから成り立っていて、私たちの外にある世界です。

3番目は、自分の心の内の世界です、
自分自身に対する心の持ち方、心構え、反応、感情の世界です。

私たちは、目をさましている時間の90%を、自分のことを考えながら過ごしていますが、心理的なトラブル、消極的な考え、絶望感のほとんどは、自分のことが頭から離れないために起こるのです。謙虚にするというのは、3番目の自分の心の内の世界と、2番目の外にある世界との間に橋をかけることです。

そしてさらには、1番目の精神的な世界、中江藤樹の言った虚・emptiness の世界に架橋することでもあります。この橋を架けて渡っていけば、強烈な自己意識の支配から自分を解き放せます。

他の人々に感謝したり、されたり、勇気づけたり、勇気づけられたり、喜びや励ましを分かち合う楽しみが味わえます。

他の人にどう対処するかは、私たちにとって大きな問題であろうと思います。というのは、他の人は、私たちの心の内の世界に容赦なく入り込んでくるし、一方、私たちは、とかく自分本位になり、他の人は大切であるという見方が、なかなかとれないからです。

他の人と上手につきあいたいのなら、謙虚という橋を渡るのです。そうすれば、他の人たちも友情を示し、協力してくれます。

そこで次のようなことをやってみてください。

謙虚な人間になるカギ、６つのヒント

これまでにやり遂げた仕事と、身につけている特技のうち、とりわけ素晴らしいものを、合わせて５つ書き出すのです。

それが済んだら、今度は、とても楽しい、あるいは嬉しいと思うことは何か、または、どういう時にそうなるかを合わせて５つ選び、書き出すのです。

さてこれで、非常に大切なことが10項目書き出されたわけです。

次は、その一つひとつを調べてみましょう。

各項目について、世話になった人、協力や援助をしてくれた人、アドバイスを与えてくれた人の名前を、何人でもよいから、思いつくだけ書いてみるのです。そうすれば、ほかの人たちが、

皆さんにとってどんなに大切であるかに気がつくでしょう。

業績をあげたのは、もちろん、自分自身の努力の賜ではありますが、ほかの人の貢献を過小評価し、自分ひとりでやったようなつもりで、うぬぼれていると、手痛いしっぺ返しを受けるでしょう。

ほかの人が皆さんにとって大切であることが分かれば、皆さんは謙虚な人間になる第一歩を踏み出したことになります。

第4講 希望　絶望の中に希望があり

夜明け前がほんとに一番暗いのか?

怒涛の明治維新を『夜明け前』で描写した島崎藤村は、彼の感想集『春を待ちつつ——大正十四年を迎へし時』の中で次のように夜明け前の暗さを表現しています。

「ただただ私達は、自分等の忍耐も、抑制も、これを来るべき春への準備のためのものと考へたい。眞に夜明け前と言い得る時のために今日までの暗さがあると考へたい」

古今東西を問わず「夜明け前が一番暗い」と言われています。気象庁にその事実を問い合わせた時、日の入りと日の出前の暗さはあまり差がないように言われましたが、人の心の動きから見たら必ずしもそうとは言えないと思います。

人は夜になれば休みを取ると同時に、朝を心待ちにすることがあります。長い夜、あせればあせる程、心は憂鬱になり、〝心理的な暗さ〟は強化されます。光のない状態が続く中で、暗くなって行く心はとうとう「夜明け前が一番暗い」と助けを求めるのです。これは人の心の〝文学的〟な表現とも言えます。

暁に月がなく暗い状態を暁闇と人が表現したのも同じ理由かもしれません。

この現象を逆手に取って生き延びる人々もいます。

「風と共に去りぬ」のスカーレット・オハラは問題解決不可能に思える困難に直面するたびに「明日はまた明日の陽が照る」と自分を勇気づけたのです。

あるジャーナリストは今日の取材に失敗して遅くオフィスに帰ると、仲間同士で、「ひょっこりひょうたん記者よ！　Tomorrow is another day.」

と言ってお互いに勇気づけ合ったそうです。

ところが多くの人々は、長い間、闇夜の中に居ると心の目はますます見えなくなり、悲観的に物事を考えるようになります。

何ごともあきらめ希望も捨てます。そして、消極的な感情に支配された体はカナシバリになり、心身は働かなくなります。心の暗闇から抜け出す力、判断力を行動力が全く失われてしまうのです。

心の暗闇に火をつける

さて、それではそうしたら良いでしょうか。

自然の世界は、夜の次は朝、冬の次は春が来てくれますが、私たち人間の世界では何もしないで、何かが起こることは、まずあり得ません。何もしないで〝眠りながら〟何かを成就した人など聞いたことはありません。

そこで私たちが出来ることは、まず暗闇の中で、マッチに火をつけることです。といっても、心の暗闇に火をつけるには熱意というマッチが必要です。

さて、あなたの周りが少し明るくなりました。

そうすれば、今まで見えにくかった自分の悩みや恐れ、絶望の中身が良く見えて来ます。抱えている問題点もはっきりして来ます。

また、心の中に隠れているあなたの目標や夢、志もだんだん明らかになって来ます。こうして、暗闇の中にかすかな希望の光がともるのです。この希望の光をより大きくするために、松明に点火する具体的な方法を実践してみましょう。

6つのルール

(1)心のマッチに火をつけ問題点を明確にすること

まず、あなたの抱えている問題、あなたの周りに起きている問題は何か、ということを自問自答してみましょう。

そしてあらゆる面に注意を払いながら、問題の核心を出来るかぎり書き出してみるのです。「問題点を明確にできれば、それは解決したも同じだ」と言われています。さて、ここで書き出した問題を、もう一度読み直し、次のような質問を手がかりにして、問題の意味を明確に説明してください。

自分は問題の核心をはっきり述べているだろうか？

その点が問題だと、どうして分かるのか？

それが、なぜ問題なのか？

状況が問題なのか、それとも、状況に対する私の対処の仕方に問題があるのか？

それは、解決しなければならない問題なのか、それとも、本筋が解決すれば、自然に解消してしまうものなのか？

その点は、問題そのものなのか、それとも、解決策の一つなのか？

問題を具体的に述べているだろうか？

もしかしたら、いくつかの問題を、一緒にして述べているのではないだろうか？

中心となる問題からわかれて出てきた問題はないだろうか？

(2) 問題に関する事実と人の意見を集めること

次に、マッチの火を松明に点火して、周りをもっと明るくするのです。

そして、人の意見を出来るだけ集めて、また問題を検討するのに必要な事実を集めるのです。

ただし、それを解決引き延ばしの口実にしないように注意しましょう。

そして、集めた事実と意見について、自分自身に、次のような質問をしてください。

集めた事実は、これですべてだろうか？

問題解決には、どのような事実を利用するのがいいか？

事実とは、どういうことか？

集めた事実は正解か？

集めた事実は具体的か？

事実と情報との違いは何か？

情報源は信頼できるか？

これは事実なのか、それとも、意見なのか？

客観的に、冷静に問題をみているか？

すべての事実を考慮に入れて、判断しているか、都合のよい事実だけを選び出しているのではないか？

あなたの抱えている問題では、書き出したものの他に、どういう事実や意見がほしいと思ったか？　人と話し合ってみるのも一つです。

⑶考えられる限りの解決法を探し出す

どんな突飛なものでも構わないから、できるだけたくさんの解決法を書き出すようにするのです。

このやり方は、一種のブレーンストーミングです。できるだけ多くの解決法を集めるのが目的なのですから、だれが、どこで、そのようにして考えたかは、問題ではありません。

あなたが、問題を冷静に解決できる人であるかどうかは、いろいろな意見の中から、問題解決に役立ちそうなアイデアを、偏見や好き嫌いを交えずに、考え出せるかどうかで分かります。

⑷理想的に問題が解決したときを考えてみる

どんな解決法をとるかは別として、問題が理想的に解けた時の結果を、心に描いてみるのです。

理想的な結果は、実際には望めないにしても、解決法を選ぶ場合の指針になるので、細心の注意を払って、イメージを描いておくべきです。

その内容を次に書き出しましょう。書き出す代わりにイメージや絵にするのも良いです。だんだん希望が見えてきます。

あなたの問題を解決する目的は何ですか。また、どんな結果を得たいと思っているのですか。

これについてほかの人や親しい人と話し合ってみるのも一つです。

⑸最善の解決法を選ぶ

⑶で考えたすべての解決法を、再点検してください。最も有効と思われるものを、選び出すの

です。

(4)で心に描いた結果を実践するのに、一番良いと思われるのは、どんな解決法ですか？解決法は、一つだけとは限りません。もちろん、あなたは、すべての事実を知っているわけではないのですから、これは、たいへん難しい仕事です。しかし、そこは、想像力を働かせて、事実の不足を補うしかありません。

(6)夜明けとともに行動に移す

あなたが選んだ解決法を夜明けとともに実行してください。決断しなければ、問題の解決へ、一歩も進めないのです。最後に、なぜ問題が解決されないのか、原因をいくつかあげてみます。

①結果に対する恐れ
②いやなことを先に延ばす態度、無関心、やる気のなさ、怠慢
③他の人を巻き込む場合、人々があなたに示す対応を恐れて
④解決法や解決能力に自信がない
⑤解決を図るためのリスクを、背負いたくない
⑦状況やわが身に変化が起こるのが煩わしい
⑧解決しようとするより、問題を抱えたままでいるほうが気楽だから（この場合、問題がまだ切実でなく、なんとしても解決しようと、思い立つまでに至っていないのです）

自分が最初にメモした問題のリストを、読み返してみてください。その中に、これらの理由のために、まだ手をつけていない問題が、あるでしょうか？　それについて、上司や部下、同僚や親しい人と、話し合ってください。

エジソンとメイの箴言

「天才は1％のインスピレーションと99％の汗から成る」

という名言をのこしたエジソンは、また、

「世界中の失敗の75％は、もし人々にやり続ける忍耐力があったならば、まったくの失敗に終わることはなかっただろう」

とも言っています。

勇気を持って、忍耐強く行動し続けることが出来るか出来ないかが、あなたが勝利の興奮と喜びを味わえるか否かを決めるのです。

心理学者のロロ・メイは、

「勇気をもっているからといって絶望しないことはない。勇気とは、絶望しているにもかかわらず、なお前進していく能力である（Courage is not the absence of despair; it is rather the capacity to move ahead in spite of despair.）」

と言っています。

これは、

「絶望の中にこそ希望というダイヤモンドがあるので勇気を失わないで発見旅行を続けるように！」

と助言しているのです。

希望の扉

かつて神代の時代にブラーマという神々たちのリーダーである王様がいました。

その王様は、何でも見つけて使い尽くしてしまう人間に大切な宝物である「希望」が見つけられないようにどこに隠したらよいか迷っていました。

特に人間たちは自分勝手な願いや欲望を「希望」と混同して求めるようになり困り果てていました。すると1人の神様が手を挙げて、

「良いアイデアがあります。人間の絶望の中に『希望』を隠し、希望の扉のカギは『わが身かわいさ』を捨てないと開かないようにしてしまえば、絶対に見つからないと思うのですが……」

と提案したのです。それ以来、人間は「希望」を発見するのが難しくなりました。考えてみれば絶望するくらいの気魄があるということは、「わが身かわいさ」から脱皮するエネルギーが残っているということです。

その力を建設的に使って希望の扉を開くのです。そうやってもう一度神様たちを驚かそうでは

ないか。

あなたの希望を自己宣言しよう

⑷で書き出した問題が理想的に解決した時の内容を整理するのです。その内容を自己宣言として表現するのです。それこそ、あなたの希望の光になるのです。

ただし、くれぐれも希望を自分勝手な願いや欲望と混同しないように宣言文を作りましょう。

こうして、一人ひとりがマッチに火をつけ、それを松明に点火し、一歩ずつ前進しましょう。だれかがつまずきそうになったら松明で足元を照らしてあげましょう。道に迷いそうになったら、松明の下で相談しよう。そして先の見える人をリーダーにしましょう。

こうして一人ひとりが前進する内に、この世の中はだんだん明るくなり、夜が明けてきます。

第５講　夢　自分が好きになれなければ将来に夢は持てない

あるとき、高校3年生を指導している先生が20人ほどの生徒に、「自分が好きか嫌いか」という簡単な質問をしてみたところ、「好き」が10人、「嫌い」が10人の半分ずつだったというのです。さらに「将来に夢を持っていますか」との質問には20人中たった1人だけが「はい」と答えたそうです。若者はますます夢を失い、無気力になっていくのでしょうか。

節《ふし》のある木板に書かれた「わたしの夢」

ある日、私の尊敬している渋沢栄一の命日(十一月十一日)に熊本県の黒川温泉を訪れました。その近くの山の中に「岡本豆腐」というみやげ物屋をかねたレストランがあります。その店先で売っている28センチ×17センチの木の板に、次のことばが書かれていました。

「わたしの夢
夢を持つってステキなことです。
大きな夢、小さな夢、どんな夢でもいいんです。
叶えることより捨てずに持ちつづけることは、もっとステキなことです。
雨ニモ風ニモ時々負ケテモ、儚クテモ……。
自分にとっていい人生を送ろう。それが、わたしの夢です」

この夢は英語ではDream、ウエブスターの英英辞典では

1. a series of thoughts, images, or emotions occurring during sleep.
2. an experience of waking life having the characteristics of a dream.
3. a visionary creation of the imagination.

などと説明されています。

最初の１では夢では寝ている間（during sleep）に見るものと言っていますが、２と３の説明では、それとは反対に目覚めている生活（waking life）の間に描く創造的な活動を意味しています。わたしたちは、起きている時も寝ている時も両方で、24時間の１日の全生活を過ごしていると言えます。そして顕在意識を潜在意識の両方が、昼も夜も働いて人生が成り立っているのです。

松下幸之助が真々庵で描いた夢

以前、松下電工創研の熱田勝彦社長に、松下幸之助がこよなく愛した京都・南禅寺の近くにある茶室庭園・真々庵に私を連れて行ってもらいました。

近くに小川治兵衛（植治）が造った「無鄰庵」という小川のせせらぎが流れる日本庭園がありますが、この真々庵も小川治兵衛の作で（１９０９年・明治42年）、東山を借景に疏水から水を引き入れた池泉回遊式庭園です。

１９６１（昭和36）年、松下幸之助は自らの感性と哲学に従ってその庭を大改造し、池を広げ、流れを変え、石組みを隠し、潅木を除くなどをして現在の景観の庭を造ったというのです。さて、幸之助さんがいつも座ったという庭の見渡せる席に腰を下ろすと、左側に杉と白砂の独特な「北庭」と呼ばれている庭が見えます。今まで、白砂の上に伸びる杉を庭にしたのは世界でここだけと断言できると思います。

この庭を造った１９６１（昭和36）年というと、松下幸之助は66歳。戦後の高度成長期の最大の不況に見舞われた昭和39年、松下幸之助会長が急遽営業本部長代行になり、当時大半が赤字であった全国販売会社社長に自ら奮起を促すための会合熱海会談を持ったのはそれから3年後の69歳の時です。毎月18日には、仕事を離れて、この真々庵を訪ね、瞑想を重ねたと言われています。

ここでは食事も宿泊もしなかったのです。

きっと、「わが身かわいさ」の自我との戦いに勝つために、ここで孤独な時間と空間を持ち、「自らの宇宙観・哲学」を確認したのです。

怒涛のように次から次へと押し寄せる問題と変化に対処する心的エネルギーを充電するには、心の平安を取り戻してくれる場と時が必要だったと思います。

ここで、幸之助さんはもう一つの大切なことを行ったと思います。

それは、自らの発想で造られた白砂の敷かれた杉木立のある北庭でのことです。

ここは、はじめは暗く木が繁っていた所だったそうです。この暗い所にすくすく伸びる十数本の杉木を植え、白砂を敷き、雰囲気を一変して広がりのある明るい空間にしたのです。その北庭を眺めながら、幸之助さんは、どんな困難や難問に直面しても前進するために将来の夢を馳せたのです。

さて、私たちはそんな庭は造れないし、持つことも出来ないなどと消極的な考え方をするのはやめましょう。それではどうしたらよいのでしょうか。

簡単なことです。

私たちは自分の心の中に「白砂の敷かれた庭」を想像するのです。そして、その庭を想像しながら将来への夢を馳せてみるのです。

モーパッサンの「一本のひも」

この話は第1章でも紹介しましたが、モーパッサンの短編小説に、「1本のひも」という話があります。

ある農夫が、あるとき町中で1本のひもを拾うのですが、ちょうどその日そのあたりで財布をなくした人がいて、何かを拾ったこの農夫が疑われる羽目になるのです。どんなに説明しても聞き入れられない。ところが翌日財布は見つかり、同時に農夫のぬれ衣も晴れます。人々は農夫にあらぬ疑いをかけたことをけろりと忘れてしまうのです。

農夫だけは違っていました。以後、彼は畑を耕すことも忘れ、死の直前まで例のひどい仕打ちをののしりながら毎日を送り、ひもきれの話をくり返しながら息を引き取ったという話です。

自分だったら〝ひもきれ〟など拾いはしないと思う人もいます。しかし、ほんとうに1本の〝ひもきれ〟も拾っていないと言い切れるでしょうか。

私たちは、知らず知らず何本ものひもを拾い、後生大事に抱え込んでいることが多いものです。そして、自分の仕事や自分自身が好きになれず将来に夢が持てなくなってしまうのです。

白砂の上に、夢を描くにはこうした消極的な「ひも」は、捨ててしまわなければなりません。

さて、夢を描いても現実を見ると不安になったり、あきらめたりします。夢と現実は、しばしば矛盾しあい、その矛盾はさまざまな葛藤を引き起こします。私たちの人生は、夢と現実の狭間での葛藤とも言えます。

夢を持つことは、自分の無限の可能性を信じ、はるかかなたに輝く光源を目指して進むことになります。現実とは、自分の足元の状態を指すのです。はるかかなたの光源に達するには、足元の障害物や石ころをはっきり見つめ、つまずかないようにしなければなりません。ですから、夢を叶えるには、現実の認識が正確でなければならないのです。その意味では、夢を現実は対立するものではなく、相補うものと言えます。

それではここで、夢と現実の関係を自分で理解するための演習を行ってみましょう。

第6講 内発的やる気　志こそセルフ・モティベーションの源泉

成功する人、失敗する人、その違いは何か

何ごとも、うまくいく場合とそうでない場合とがあります。

成功する人、失敗する人、その違いはどこから生まれてくるのでしょうか。ある人は逆境に出合っても精力的に、積極的な姿勢で物事に取り組みますが、一方、良い環境にもかかわらず無気力で成り行きにまかせて、何の目的もなく人生を過ごす人もいます。

幸福な人生を送る人がいると思えば、一方ではたえず不満や悲観的な気持ちで毎日を過ごす人がいます。この違いは、一体何によるものなのでしょうか。

その答えは、不思議な力を持った、人間の神秘的な特性、セルフ・モティベーション、内発的やる気の中にあります。

このセルフ・モティベーションは、人間にとって最も大切な能力とも言えます。それでは、このやる気、内的意欲とは、何でしょうか。どのようにして開発していくことができるのでしょうか。とくに少数の人々にしか、与えられていないように見えるのは、何故でしょうか。これらの質問に答えることは決して簡単ではありません。しかし、ここで、読者の方々にはこうしたことを考える機会を、ＡＩＡの場で行ったように、経験していただきたいと思います。

人間の最も大切な能力

セルフ・モティベーションは、人を行動へと駆り立てる目に見えない要素なのです。古今東西の事を成した人々は、この能力をしっかり身に付け、更に進むべき意味、その方向と目的を持った人たちです。

組織や企業にとっては、セルフ・モティベーションを持った人財がどれだけいるかが、存続可能な成長をなし遂げられるか、沈滞して消え去っていくかの差を生み出します。

ところで営業、セールスの分野では、経営者や管理者にとって営業マンのやる気が最大の課題を異口同音に語られています。

彼らは、この問題を解決するために、これまで思いつく限りのあらゆる手段を講じてきました。たとえば、セールス・キャンペーン、コンテスト、決起大会、泣き落とし、ご馳走、表彰制度、海外旅行、地位、成果主義賃金システム……。これという決め手は見つかっていないようです。

このように、私たちは、何千年にもわたって〝やる気の秘密〟を探ろうとしながら、その都度、肩透かしをくらってきたのです。では、なぜその答えを発見出来ないでいるのでしょうか。

その理由はきわめて簡単です。大事なことですからよく注意してください。私たちは、これまで長い間、一つの間違った仮説にもとづいて、人々や自分自身をやる気の起きる状態へ導こうと努めてきたのです。

それは、お金、地位、短い労働時間、休暇、表彰、その他諸々の物質的利益への欲望を喚起することによってやる気を起こす状態に導くことができるという仮説です。こうした外からの刺激でやる気を起こす外的意欲には、おのずと限界があることになかなか気づかないでいるのです。

内発的意欲は、何かを求める気持ち、欲求から起こるのではなく、自分自身の中で培うものなのです。無論、誰も収入が多いにこしたことはないのですが、人間は、まさしくパンのみで生きる力が湧くのではないのです。

また、人を動かさずにはおかない強力なやる気は、何か欲しいという気持ち、あるいは自分がおかれている環境、自分が接する人々、働いている会社、または仕事などから生まれるのではないのです。それは、自分自身の内面から生まれる強力な衝動、心の持ち方や志のようなものによって、点火されるのです。

内発的なやる気は、一人ひとりの心の中で芽生えて成長し、勇気づけられていく心構えなのです。私たちが、このことに気づき、自分の心の中にこの力をいかに培ったかを知れば、セルフ・モティベーションはすべての人々が持つことの出来る力になるのです。

そして、その力を日本では志と言うようになったのです。それでは、志の持つ特性について考えることにより、内発的やる気を自分の中で育てるヒントを学んでみましょう。

内発的やる気　第１の秘訣「志とはサービスマインドである」

志を持つということは、日々の活動が、やり甲斐のある目的のために役立っている、私たちの努力が社会にとって有益であるということを実感し、確信することでもあるのです。

現代社会の経済は、さまざまな形のサービスの交換の上に成り立っています。

朝出勤してから夕方退社するまで、何らかの形のサービスの提供を行っています。あなたが、サービスを提供する人々の数とその質を向上すれば、あなたに喜んでサービスを提供してくれる人の数も自然に増えます。

アルバート・シュバイツアー博士は、次のような言葉をわれわれに残しています。

「私たちが知っているたった一つのことは、あなたがたの中で真に幸福な人とは、どうすれば人の役に立つかという問題を追究し、その方法を見つけ出した人のみである」
One thing I know, the only ones among you who will be really happy are those who will have sought and found how to serve.

あなたは、仕事で提供しているサービスがどのように役立っているか確信をもっていますか。その確信から仕事に対する信念と使命感が生まれ、志が培われていくのです。この心をしっかりと現在実践している人には九州・黒川温泉の人気の原点を作った後藤哲也さんがいます。

地方の再生と活性化のために、金銭的報酬を要求することなく、露天風呂づくりや庭づくりなどを通して、日本の環境改善の指導に余念がありません。

内発的やる気・第2の秘訣「志とは金銭的な利益を得ることを前提としているのではありません」

いま仮に、みなさんは車を買ったと想像してみてください。

ショウルームから道路に出した車は、真新しく、ピカピカしています。

その車に夢中になります。なめらかな乗り心地に陶酔することでしょう。

ところが、何年かして、どこかが故障したり車体に傷がついたりすると、たちまちうんざりしてしまいます。そして、その車への信頼はすっかり影をひそめ、乗る気がしなくなります。

また、別の新しい車が欲しくなります。これが上辺だけのやる気です。

社長が、突然、全社員の給料をカットすると言い出したら、どうしますか。ほとんどの人はやる気を失ってしまうのではありませんか。

あるいは今後も死ぬまで年収３００万円を保証する、と言われたら、それがどんなに嫌な仕事でも、その仕事を一生涯続けてやりますか。

人間は、自分が金銭的な報酬だけで働かされていると感じるときは、決して心の底から満足感を持つことはありません。確かに、給料日とか昇給日、ボーナスの後は、一時的に満足感をおぼえることもあるでしょう。しかし、そうした気分はたちまち色あせて、自己嫌悪、不満がそれに代わることになります。

あるトップ・セールスマンで、会社の幹部になった人がこう言ったことがあります。

「この営業でいくら儲かるからということだけに考えを集中しようとしても、精々1日くらいしか続きません。物を売るという行為は、私にとって単なる仕事以上の意味があるのです。それは人生という学校を卒業するための必修課程であり、世の人々のお役に立つためのよい機会だということなのです。私は、お客様の顔を見るたびに、いつもこのことを心の中に思い浮かべるようにしています」

自動車王のヘンリー・フォードも、

「金儲けだけが、独立の狙いだとしたら、あなたは、決して大金を手にすることはできない」

と言っています。この言葉は会社の中でもあてはまります。

職場で、ビジネスリーダーを育てるには、こうした企業家精神がしっかりしていないと、とんだ間違いを起こして会社に多大な損をこうむらせることがあります。

人はとかく、手段と目的を入れ違えてしまうことがあります。人間にとって本当に大切なものは何かを職場でも考えさせる機会が必要です。

内発的やる気・第3の秘訣「志とは批判に耐え得るもの」

ボブ・コンクリンが、ある時こんなエピソードを話してくれたことがありました。

ある青年に会った時の話です。その青年は大学を出たばかりで、就職して1年もたたないうちに、次のようなことを言ったというのです。

「ぼくは、夢と志を抱いて学校を卒業しました。そして、熱意と希望に燃えて現在の会社に入りました。ところが、昼休みの社員食堂ときたら、まさに不平不満の独演会です。とうとう我慢できなくなったぼくは、弁当を持参して車の中で食べるようにしました。そして、その結果、今ではぼくが彼らと一緒に食事をしないというただそれだけの理由で、何かと意地悪されるようになってしまったのです」

そこで、私は、青年にこう言いました。

「これからも彼らは、君がみんなと違っているから、仕事そのものに惚れ込んでいるから、といって意地悪な態度を取り続けるかもしれない。しかし、自分のやることに信念と自信があるのだから、決してくじけてはいけない。やがて、君は、〝会社人間〟〝ごますり人間〟といった中傷や当てこすりを耳にするかもしれない。しかし、それは彼らのような昇給目当てだけの仕事ではなく、君が本当に会社のためになる仕事をしているからで、決して君の恥ではない」

おかしなことに、今の世の中には、自分の仕事に志や信念をもつことを恥とするような一種の風潮があるようです。

そうした風潮に同調している人々は、決まって、

〝仕事もほどほどにしないと早死にするよ〟

〝ストレスで胃潰瘍になるよ〟

〝奥さんに逃げられてしまうぞ〟

〝子供が問題を起こすぞ〟

などと口にします。

「彼らは、君のやっていることに一種の恐れを抱いており、なんとか自分たちに同調させようとしているだけなのだ。君は自分の仕事に信念と志を持つことによってますます勇気づけられる。やがて君の仕事は、君にとって喜びの源とも、より高い目標への挑戦ともなっていくだろう。

同時にそれは、君に対する彼らのねたみや様々な批判を生み出すことにもなる。そして、君が成功し、昇進し、人々に認められるようになっても、彼らはきっとこう言うに違いない。〝あいつは運のいい男だ〟しかし、そんなことは相手にしないで最後まで、君の信念と志を守りたまえ。

君の志の力が心の底からの深い感動を伴うものであれば、どんな批判を受けても決してくじけることはないだろう」

この話をボブ・コンクリンは、ハワイのマウイ島で会った時にしてくれました。そして、日本の志には、信念の力と共通した概念があるので、今後AIAの日本語版には、志についてのディスカッションをすることを勧めたことがあります。

あなたへの批判は「ぬれた毛布」か、改善と成長への道か

それでは、あなたの志は、どのような批判に耐え得る内容なのかについて考えてみてください。このエピソードの中で言っている「批判」とは、あなたのやる気や勇気をくじくような消極的で、建設的でない「ぬれた毛布」のようなものを言っているのです。

そして、志や信念の力の中には、そうした「ぬれた毛布」をかぶせられても、それをはねのけて前進していくエネルギーがあるということを言っているのです。

もちろん人類は、批判や疑問を通して、新しい発見や発明、改善や成長をはたしてきましたし、今後もそうでしょう。

第７講　ユーモア　やる気を起こす

日本人の微笑とは

キャセイパシフィック航空のＡＩＡコーディネーターだった田村忠彦さんが、航空サービスに携わりながらユーモアとジョークに関する１冊の本を出版しました。その本のタイトルは『英語のおもちゃ箱（My English Toy Box）』です。

かつて小泉八雲が、「日本人の微笑」という章を、日本瞥見記《べっけん》（下）で書いたことがありました。

「外国婦人が使っている日本人の女中が、お骨箱を見せて、『これは亭主でございます』と言って、あはははっと笑った」

ということです。その他にも、

「車夫の頭を殴りつけても、にこにこ笑いながらしきりに頭をさげている日本人のにこにこ顔は、いまだに脳裏に残っている」

という話があります。

１００年以上前の話とはいえ、〝日本人の微笑〟を不思議がっています。日本人の微笑の裏に隠されているものは何か。

「笑いとは、逆境によって乱された心のバランスをとり戻そうとする働き」

という考え方もあります。

さて、微笑や笑いについても本質を考える前に、笑いを誘うユーモアとジョークについて、田村さんの『英語のおもちゃ箱』から紹介します。

ユーモアとジョーク（Humor と Joke）

「死生学（death education）で著名な元上智大学教授のアルフォンス・デーケス（Alfons Deeken）さんが、ユーモアとは『にもかかわらず』笑うことである」というドイツ流ユーモア定義を紹介されています（『よく生き、よく笑い、よき死と出会う』新潮社、２００３年）。これはユーモアの本質を鋭く突いた言葉です。英語のジョークには前述のように sick joke と言われる毒を含んだのもありますが、ユーモアにはほのぼのとした温かみが感じられ、人生にうるおいを与えてくれます。そこで、私なりに「ジョークとユーモアの違い」をくり返しになりますがこう定義してみました。

A joke is like wine or beer-it enriches your life, but its amount should be appropriate. Humour is like sugar or salt-it is essential for your life, and people usually know what the right amounts is.

『英語のおもちゃ箱』によると、ジョークとはビールやワインのようなものです。それは人生を豊かにするが、適量でなければなりません。一方、ユーモアは塩や砂糖のようなもの。それは生きるのに必要不可欠であり、使う人はその適量を心得ています。

ジョークは度を過ぎれば嫌味にもなりますが、ユーモアはラテン語で「液体」を表すフモールが語源で、それは生命の本質である「体液」を表す（デーケン氏の同著より）のであり、まさにそれは人間にとって不可欠なもので、しかも適量であればこそ人は穏やかに生きられるのです。

まさに、笑いこそ人間と動物を決定的に分かつものです。

The genetic difference between chimpanzees and humans is very small. I know what that differences is ; both chimps and humans like to eat bananas but only humans slip on them and laugh at each other!

（人間とチンパンジーの遺伝子の差は、ほんの僅かと言います。私にはその違いが分かります。人間もチンパンジーもバナナを好みますが、人間だけがその皮で滑って笑いのネタにします）

「笑い」が健康面にもたらす効果について、筑波大学の村上和雄名誉教授（農学博士）による実験が知られています。

それは、25年の糖尿病患者に食事をとった後にライブの漫才を観てもらい、その直後に血糖値の変化を調べるというものでした。

その結果、被験者たちが笑った後は血糖値の上がる度合いが際立って低くなることが立証されました。これについて、村上教授はこう述べています。

「将来、医者は患者に薬ではなく『お笑いビデオ』を処方するようになるでしょう」

さて、Is prof Murakami remark a『sick joke』or a『healthy joke』?

(村上教授の所見は「悪い冗談」なのか、それとも文字通り「ヘルシーなジョーク」なのだろうか?)

では、次の話はユーモアでしょうか、ジョークでしょうか。

八ヶ岳高原での夫婦の会話

蓼科の「八ヶ岳縄文天然温泉尖石の湯」にて。

温泉施設に宿泊していた夫婦の会話。

妻「これから、尖石の湯のエステに行ってくるわ」

夫「へえ、それはどういうエステなんだい」

妻「縄文土器を作る手の動きを使って、肌をキレイにしてくれるんだって。凄く若返るらしいのよ」

夫「わかった。それでは行っておいで」

妻「ただいま」

夫「おかえり！　あれ、今日はエステやっていなかったのかい」

以上の会話はユーモアですか、ジョークですか。皮肉（アイロニー）っぽい所があるのでジョークでしょうか。

志楽の湯に来た3人のおばあさん

では、次の話はジョークでしょうか。ユーモアでしょうか。

たとえば最近は高齢化社会で起きる話が多くあります。

春子さん、夏子さん、秋子さん3人の80代のおばあさんが、東京から36分ぐらいの所にある川崎・矢向の縄文天然温泉「志楽の湯」に入りにきました。

高校の同級生で、今でも元気で長生きして連絡を取り合っているのです。久しぶりに、風呂づくりの名人の、後藤哲也さんが創った露天風呂に入りたいと意見が一致したのです。

春子さんが露天風呂に入ろうとして片足を入れたところで、叫んだのです。

「私はお風呂に入ろうとしてたんだっけ？」

夏子さんが、

「分からないわ。今行くから待ってて」

と大きな声で返事して露天風呂の入口に入ろうとしたところ、

「私は入口に入ろうとしたんだっけ」

と大声を上げたのです。秋子さんは脱衣室で裸になろうとしていたところで、

「あんなに忘れっぽくなりたくないわ」

と言い、ロッカーの扉をトントン叩いて、

「今2人とも助けに行くから。入口でだれかがノックしたみたいなので、調べてから行くからね」

これはジョークでしょうか、ユーモアでしょうか。

いつもタイミングで日本人は笑うのか

アメリカのフロリダ・マイアミで企業家助言グループの会議が行われます。20名程のアメリカの中小企業の社長（ＣＥＯ）が集まり、これからの企業戦略的志を語り合う会です。

午後6時頃からはリラックスした雰囲気で自由時間になります。みんなが冗談を言いながら語り合う場になります。

そして1人ずつユーモアかジョークを言い合うのです。

ところが小生は語学の関係もあって、その内容がほとんど理解できず、笑うに笑えない状態になるのです。

私は最後に話すことになっているにも関わらず、とりあえず次のエピソードを話して終えました。

「日本人はジョークやユーモアを聞いた後、その内容を日本に帰って、会社の職場で紹介します。そしてこのジョークやユーモアは、笑うに値する内容かを判断して、笑うか、笑わないかを決めるのです。したがって今は笑うことはできません」

第8講　志とは何か

――遺伝子をＯＮにして、やる気を起こす――

浩然の気を養う

志の語源をたどってみると、漢字の「志」の古字は形声文字で、成り立ちからいえば、草木が伸びていく姿をかたどった象形文字の「之」の古形と、心臓をかたどった象形文字の「心」の古形とを組み合わせて、古代中国語の音声「シ」を表したものでした。

この性格から考えると、「志」の古字は「シ」の音声とともに、志向性（之）を持つ精神（心）――という意味を表していたことが判っています。

象形文字の「士」は、土地に杭を立てた状態をかたどったものです。

初めは共に仕事をする、つまり公の場所を表していたのが、その後、その場で仕事をする人間を表すようになったのです。

相手を思うささやかな気持ちを、日本では「寸志」と呼びます。もともとの和語の「こころざし」は「こころ（心）」と「さし（指し）」の複合語で、ある対象に心をひきつけられる時、それがきっかけとなって、生まれる志向性を持つ心の動きを指していたのです。

この「こころざし」が漢字の「志」の訓読みに当てられるようになってからは、次第に「心中にある目標を定めること」という、より高次の「目的意識」を持つ精神作用を指す心構えへと、移り変わってきました。

また、この考え方は2000年前の思想家や宗教家、および東洋の哲学者は、「我々の人生は、我々の考えが創るものである」と言い、「考えることは生きること」という言葉も、残していると言われています。

更に、それ以前に遡ること2000年前の賢人たちは、「人は考えた通りの人間になる」という言葉をも、残しています。

この心の「目的意識」は、単なる目標達成機能（合目的律）ではなく、新しい価値を創り出す、目標創造能力（創目的律）を示唆しているのです。より高い価値ある目的を創り出す積極的な精神的心構えを指すことになるのです。

また、その考えの中には、我々の存在そのものを問う謙虚さと、自然との対話も含まれるのです。

なお、「志は気の師なり」と孟子は言い、〝志〟は〝気〟の力を高めると同時に、それを正しい方向へと導く〝師（指揮官）〟の役目を果たす、と説いたのです。このような認識に基づいて孟子は、常日頃から「浩然の気を養う」ことの大事さを、強調しました。「浩然」とは、「広く大きなさま」を言い、幕末志士たちは、その心境に到達するため詩を作り、吟じたり自己宣言を行ったのです。

普遍的価値

明治初期、札幌農業学校（現北海道大学）に校長として招かれた、アメリカのウィリアム・スミス・クラーク博士が、帰国に際して、見送る生徒たちに残した有名な「少年よ、大志を抱け！」の言葉は、多くの人々の共感を呼び、今なお語り継がれています。

全文は「Boy be ambitious」だけではないのです。

「Boys be ambitious. Be ambitious not for money or for selfish aggrandizement, not for that evanescent thing which men call fame. Be ambitious for the attainment of all that a man ought to be.」（少年よ、大志を抱け！　お金や自分本位の欲望を満たすためではなく、また人が名声と呼ぶ儚く消えるもののためではないことに大志を抱け！　人間として、こうあらねばならないということのすべてを、実現しようとする、そうした大志を抱け！）

志は良い遺伝子をONにする

日本語には、英語と違って「志」という一語で、その趣旨を表現できる言葉があるので、このクラーク博士の感銘深い言葉が簡略化され、「少年よ、大志を抱け！」（ボーイズ・ビー・アンビシャス）となって、広く一般的に知られるようになりました。この「志」には、明らかに目指す方向が示されているけれども、個々の人間の具体的な目標や目的、夢を制約するようなものでもないし、特定の宗教の信条に基づくといったものでもないのです。かつ、人類がよりよく生きるために、知力と気力と体力のソフトウェアを向上させ、人生の目標や目的、夢の質や価値をアップグレードし、人としてあるべき道の方向を、示唆する理念が含まれています。

遺伝子工学の第一人者　村上和雄名誉教授は、「私の経験からすれば、良い遺伝子をONするには、志のようなものを、持つべきではないかと思います」と言っています。

ここに「志」の普遍的な価値があるのです。従って、こころざし・志・KOKOROZASHIは、東洋から唯一発信できる、グローバルに通用する概念・言魂とも言えます。

第9講　天意人心とは何か
―心の持ち方が人生を左右する―

西郷の敬天愛人と天意人心

西郷隆盛が座右の銘にしていたのが「敬天愛人」です。他にも「人を相手にせず、天を相手にせよ」という言葉があります（南洲翁遺訓）。

この言葉は、単に個人の生き方の指針といったものだけではなく、世を治め民の苦を救う「経世済民（経済）」の考え方が、そこに込められているのです。

「敬天」とは、「天を敬う精神を持って、権力や利益だけを求める覇道ではなく、王道を行くこと」を意味します。

「愛人」とは、愛の思想を尊重し、道義国家の再生を目指す。これが、「敬天愛人」の思想なのです。

この考え方が個人の道徳の教えであるかのような錯覚に陥ってしまったのは、実は明治以降のことなのではないでしょうか。多くの日本人は、そのことに気づかず、戦後の高度成長といわれる時期も、理念の薄い「エコノミック・アニマル」経済大国に過ぎないと、世界から見られるようになった要因は、ここにあると言えます。

そして、バブル崩壊後の「失われた20年」はそのデフレ反動で、経済すらも停滞してしまったといえるのです（国民総生産・ＧＤＰは20年前を同じ・実質成長率で見るとき）。

今、更に国家も長期投資は差し控える短期のプライマリーバランス（基礎的財政収支）の維持、企業の経営者は短期の利益を上げることに四苦八苦せざるを得なくなっているのです。

さて、西郷隆盛の「敬天愛人」座右の銘をみて、内村鑑三ならずとも直感的にキリスト教と酷似しているのに気づくでしょう。キリスト教圏の「ヘヴン（Heaven）とラブ（Love）」対東洋の「天と愛」、そこに東西の違いを超えた、相似関係の構図が鮮明に浮かび上がってくるのです。

西郷隆盛が、陽明学を精神の糧とするようになったのは、幕末期最も英明であったと言われた島津斉彬に抜擢されて、江戸に出てきてからであると言われています。

陽明学に啓発された佐藤一斎（1772―1859）は、超越的な無限者である〝天〟の支配を認める一方、人間を〝天〟が等しく生み出したものと捉え、「天下の人皆同胞なり」として、自他の別なく敬愛すべきものと説いたのです。

西郷隆盛の「敬天愛人」の標語は、その結晶化だったのです。自他の別ない愛を貫くことは〝天命〟だったのです。その実践の要請が、変革のエネルギーを喚起する〝志〟を生み出したことになるのです。では「天意人心」は、どこから生まれたのでしょうか。

「敬天愛人」と「天意人心」は同じルーツ

明治時代の日本の啓蒙思想家、中村正直（1832―1891）は、江戸幕府の命令で、1866年イギリスに5年計画で留学しますが、幕府滅亡のため、1年で帰国します。

しかし、明治初期の代表的ベストセラーになったイギリス人のサミュエル・スマイルズの著書『セルフヘルプ（Self Help）』を翻訳して日本に紹介します。

日本語風のタイトルは「西国立志編」で、自助の精神を説いたこの本は、当時の青少年に熱烈な愛読者を得て、大きな影響を与えたのです。

中村正直は、「自助」は耳に馴染んだ言葉ではないので、「立志」としたのです。他の人の助けを頼みにせず、自らを自分で助け、自らの運命を切り開いていく、「自助精神」の伝統を東洋思想で捉えれば「立志」に他ならないと考えたのです。

この本の冒頭は、アメリカのベンジャミン・フランクリン（１７０５―１７９０）の自作の有名な格言、「天ハ自ラヲ助スクル者ヲ助スク」で教えています。

この格言で注目されるのは、〝神〟(God) ではなく〝天〟(Heaven) になっていることです。避雷針の発明で知られる科学者でもあったフランクリンは、同じクリスチャンでも〝理神論者〟だったと言われています。

〝理神論者〟とは、神学上の込み入った議論は棚上げして、あえて一言で言えば、「天に創造神の意志をみる」思想です。

この立場からすると、創造神の定めた〝掟〟が〝天〟ということになります。なぜ〝天〟が助けるか、その秘密を解くカギがここに潜んでいるかもしれないのです。〝天〟には「自助」が必ず実を結ぶ方向へ作用する特性が基本的に備わっているというのです。そこで、自らを助くるものを助けるのは、〝天〟ということになるのです。

要は「一人ひとりの心のあり方」に関わってくるのです。フランクリンの「貧しいリチャードの暦」にも書かれている格言にもあるこのような思想は、実のところ孟子（B.C. ３７２―２８９）の「天意人心」に極めて近い考え方なのです。

「天意」とは、「天の心、意図、意志」といった意味ですが、その「天意」と「人心」（人間の心）とは一つであるという認識を表す言葉が「天意人心」と言えるのです。

佐藤一斉が、「天とは人の心」と語っているのも、このことを呈しているのです。人の心が〝天〟ということは、心のありようによって人生における良い結果も悪い結果も生まれてくるというのです。

神 ゴッド（God）〟と天 ヘヴン（Heaven）の違い

西洋の〝ゴッド（God）〟は創造神といえます。その場合、人間は神の被創造物であるから、創造神とは決して一体化されることはない。

このような〝一神教〟の観念をキリスト教圏（ユダヤ教やイスラム教もその点は同じです）の人々は共通して持っているから、〝ヘヴン（天）〟が助けるといった場合でも、それは「神の加護」と同様、外からの助力と捉えるようになるのです。つまり、〝自助の精神〟に基づく〝自立〟が何よりも先になるのです。

ところが東洋思想の〝天〟は、創造神と結びついた観念ではないのです。自分の心のうちに〝天〟を見出す。そこから自立心が芽生えてくる。それに伴って生まれてくるのが〝自助の精神〟であり、それぞれの人間の心に同じく天が存在しているから、自分を助けることと、他を助けることが同じ重み、同じ意味を持つ。同時に〝互助〟でもあるのです。

特に日本語はＳＶＯではなく、ＳＯＶ（私はあなたが好きです）と主語の次に目的の人が来るので、互助の関係が強くなるのです。出発点が〝天〟に発している以上、〝自助〟が先という考えは出てこないのです。

物質的にせよ精神的にせよ、あるいはまた直接的か間接的かを問わず、何事でもそれを成し遂げるには他者の助けを欠かすことはできない。この普遍の真理から〝多律共生〟の精神が生まれてくるのです。

それにもかかわらず、西洋では「自助―自律」優先の考え方が固定観念となって人々の心に根づいてきた。これは西洋の伝統的な〝個人主義〟の価値観とも深く結びついているのです。

それゆえに、スマイルズも認めているように、他者の援助が不可欠という普遍の真実が一方において存在するにも拘らず、これまで一片の疑いもなく、「自助―自立」優先の考え方が、あたかも普遍性を持つ建設的な思想であるかのように信じられてきたのです。

共通点は、東洋の「天―心―人」も、西洋の「神―心―人」も共に中心である〝心のありよう〟一人ひとりの心構え（Atitude）が人生の方向を決めていると言えるのです。

〝天〟〝心〟〝人〟

孟子は、「天と人」の結びつきを〝心〟を主体に捉えたのです。これを図示化すれば〝天〟？〝心〟？〝人〟ということになります。

「天と人」は、〝心〟を仲介して、一つに結ばれているのです。そして、人間の本性は〝善〟ということになるというのです。これが孟子の「天意人心」説なのです。

この孟子の思想に惹かれた吉田松陰（1830―1859）は、〝天〟について次のように語っています。

「蓋し、天素心なし、民心を以って心とす。視聴あるに非ず、民の視聴を以て視聴とす」（『吉田松陰全集　講孟余話』岩波書店刊）

「考えてみると、天には本来心はない、民の心をもって心としている。見聞きしないので、民が見聞きしたことを天は見聞きしているのである」

この吉田松陰の考え方は、基本的には「天とは人の心」という佐藤一斉と同じ認識に基づいていますが、更に踏み込んで「民の声は、天の声」という所まで到達しているのです。

〝天〟が人間の心の中に潜んでいるという意味は、人さまざまの人間の心の動き、自分の心は自分に属しており、文化、民族、宗教を超えた普遍の真理なので、〝天〟が人間の心の中に潜んでいるという意味は、このことを指していると言えるのです。

「心の中に天がある」と言えるのでしょうか。

遺伝子研究の世界的権威で世界で初めて高血圧の原因となる酵素（レニン）の遺伝子とイネゲノムの解読に成功した筑波大学名誉教授の村上和雄氏は、「遺伝子に影響を及ぼすとすると、心の持ち方というものが、遺伝子に大きな影響を与えるのではないかと考え、つまり遺伝子のスイッチをＯＮにするには、心のありようが肝心である」

と言っています。更に、「私の経験からすれば、よい遺伝子をＯＮにするには志（こころざし）のようなものを持つべきじゃないかと思います」とコメントしてます。（産経新聞　２００１年10月31日「いつもプラスの発想で」）。村上教授は、「今は（日本人の）遺伝子のスイッチがオフになっているが、これをオンにして、日本が世界から尊敬される国になるという国家目標を持てれば、21世紀は日本の出番が来る。日本は経済大国というよりも、文化立国として世界に役立つ国になれるだろう」

と語っています。

中村正直の天意人心

もうひとりここでどうしても紹介しなければならない、すでに触れた中村正直の「天意人心」があります。

明治の「教育勅語」の最初の草案を書いたのは中村正直でした。これが採用されていれば、同じ「教育勅語」でもその内容は、まったく違ったものになっていたかもしれません。日本の人づくりの歩みも別方向に向かっていたかもしれないのです。

伊藤博文のブレーンだった井上毅らによって採用不可になった中村正直の「文部の立案」（教育上の箴言）案が、なぜ受け入れられなかったのかについては、『中村正直の教育思想』（小川澄江著）に詳しく述べられています。天意人心の思想の中に含まれる「天や神に対する臣民の心の持ち方を説いている所が受け入れられなかったのです」と言われています（531ページ）。

日本の人づくりのボタンの掛け違いが、ここで起きたのです。

福沢諭吉の教育と学問の分離論反対

福沢諭吉が、この中村正直案の不採用と同時に福沢諭吉が、「当時、森有礼《ありのり》を中心とする解明知識人の教育と学問論には、真っ向から反対した」（219ページ『未来を創るこころ』石川忠雄（慶應義塾大学元塾長）著　慶応義塾大学出版会）教育と学問の分離論が、日本の人づくりの戦略を間違った方向へとリードしてしまったとも言えます。

明治以降の日本の国難に対処する知恵のある人財を育てることが出来ず、最後には、日本の歴史上初めての310万の日本人が死んでいった全面敗北になった第二次世界大戦へとつながったと言えないでしょうか。

経済学者、丹羽春喜教授は日米開戦の前に、第4のオプションがあり、その戦略が採用されていれば、大東亜戦争に入らずにすんだと言って、残念がっていました（47ページ『不況克服の経済学』丹羽春喜著　同文館出版）。

教育と学問の分離論とは何か

当初、初代文部大臣になる森有礼と福沢諭吉の間で、「教育と学問」を分離すべきかどうかが議論になりました。森有礼は先進欧米諸国の技術に追いつくために、その前提として国民の〝教育〟水準を上げるため、階段を追って知識を教え込んでいく画一的な方法論を取ったのです。「ものを考えること」よりも、「ものを知ること」を優先したのです。「問いを学ぶ」学問は後でもよいとする「教育と学問の分離論」を推し進めたのです（『近代日本教育制度』中島太郎著岩波書店）。

この考えに真っ向から反対の立場を取った福沢諭吉は、子ども頃から問いを学ぶ『学問のすすめ』を啓蒙し、好奇心と探求心を持ってものごとを観察し、そうした心構えに裏付けられた合理的な批判精神を養うことを人づくりの目的として、日本の独立を考えたのです。

しかし、結果は森有礼の分離論が日本の人づくりの基本方針となったのです。この時に、Education を「教育」と訳す間違いを犯してしまったのです。

Education はラテン語の語源で EX（Out of）と Ducere（lead して引き出すの意味で、中世に Ductum になる）の合成された言葉で、人の持っている潜在的な力、Human Potential を引き出すという意味なのです。したがって、人づくりの基本的な概念にはこうした発想が原点にあるべきで、教育ありきではないのです。

「教育」は Teaching、教え込むことで、Education ととらえては、その言葉の内容している範囲から逸脱してしまうのです。教えるということは、他人（教える人）の頭を利用して考えることで、自分の頭で考える思考力の養成にはならないのです。

このことは、「天意人心」から生まれる学ぶことへの謙虚さを失わせます。知識を蓄えることによる学力中心の〝教育制度〟が知力を失わせ、そのもとで日本のリーダーの養成が行われるようになったと言えるのです。

中村正直の「教育の箴言」案や福沢諭吉の教育と学問の分離論反対が、日本の人づくり制度の中に取り入れられていたら、その後の日本の国難を乗り切ることが出来る人財が育っていたかもしれないのです。さて、今の日本の人づくり、人財育成もこうした視点から再検討してみてはどうでしょうか。

歴史学者アーノルド・トインビーは、『歴史の研究』の中で、「文明が停止し、あるいは衰退してゆくにも関わらず、技術（Technology）のほうは向上する場合がある」と指摘しています。便利なＩＴ、ＩＯＴ、ＡＩの技術が向上したからといって、文明や文化が栄えるとは言えないのです。

28の文明のうち18までがすでに死滅し、残り10のうち2つは今や臨終の状態にあるとトインビーは、観察しています。技術の進歩で便利になり、〝安全・安心〟だからといって、社会が良い方向に向かうとは限らないのです。

今の日本も、魂才のバランスが崩壊し、才覚のみと軽薄な成功物語を重視する大衆社会になりかねません。

そうなると生活は便利になりますが、心は真空状態になり、国民の大局的な思考力と独創力が低下し、内発的やる気は衰え国力が失われることになります。

ここで、日本が方向を間違わないよう、もう一度、「天意人心」の意味を考え直してみる時ではないでしょうか。

第10講　今なぜ、渋沢栄一か
―よみがえる経済界の巨人―

「世の中がだんだん進歩するに随って社会の事物も益々発展する。但し、それに伴ふって肝要なる道徳仁義といふものが共に進歩して行くかといふと、残念ながら否と答へざるを得ぬ」

これは大正12（１９２３）年の渋沢栄一の道徳経済合一説の講演内容の一部です。

先に述べた繰り返しになりますが、それから10年後、歴史学者アーノルド・トインビーが『歴史の研究』の中で、「文明が停止し、あるいは衰退してゆくにもかかわらず、技術のほうは向上する場合がある」と指摘し、28の文明のうち18までが既に死滅し、残り10のうち２つは今や臨終の状態であると観察しています。

この２人の賢者の洞察は、私には二重写しに見え、現在の日本の姿を浮き彫りにしているようでなりません。

技術＝テクノロジー中心の発達はしたが、モラルと文化は疲弊しています。魂と才のバランスは崩壊し、才覚のみと軽薄な成功物語に踊るベンチャービジネスがマスコミで騒がれます。そして日本人の大局的な思考力と独創力は、著しく低下します。

トインビーは文明衰退の性質を3つに予約していますが、その第一は、創造的少数者が創造力を失い、単なる支配者少数者になってしまうことだと言っています。

日本のリーダーからも歴史や哲学や文化を大切にする精神が失われ、意欲の崩壊が起き、創造的発想が失われています。魂と心の空洞化が起きているのです。「ある程度の豊かさ」と大局観と創造力の喪失は、日本人の危機感をますます低下させ「誰かが何かをしてくれる」ぶら下がり意識のみを増幅します。これに拍車をかけたのが、戦後の日本社会のサラリーマン化現象です。

渋沢栄一の晩年が「大御所」でありながら、その影響力を低下させた原因の一つに「専門的経営者といわれる資本家に給料で雇われ、大企業の経営に当たる『サラリーマン重役』の増大」を挙げています（木村昌人『渋沢栄一～民間経済外交の創始者～』中公新書）。この傾向は、目標創造能力（創目的律）よりも目標達成機能（合目的律）を重視し、経営者に大局観、すなわち長期的ビジョンを失わせます。しかし、幸か不幸か、この戦前のサラリーマン化現象は第二次世界大戦によって完全に崩壊したのです。昭和6年11月11日の栄一没後14年目のことです。

その後、敗戦後、再び目先の利益しか考えられなくなった「サラリーマン重役」が多く生まれ、栄一の晩年と同じ社会環境が出来上がってしまいました。まさしく歴史は繰り返す。ここに今もう一度英一が言わんとしたことと、その意図を学ぶ価値があるのです。

本論は、渋沢栄一の行動パターンを企業家精神の視点からアプローチしました。なぜなら、これからの日本の課題はいかにしてサラリーマン的発想、官僚的経営スタイルから脱皮し、企業家魂や企業家的経営スタイルを身につけて、日本の活力を蘇生させることができるかにかかっているからです。

まず企業家精神の育成と啓蒙の第一人者リチャード・ブスカーク博士の企業家精神的性診断の13項目を用いて、栄一の行動パターンから学ぶことにしましょう。

1　願望

まず最初は願望です。企業家精神の持ち主にとって、願望なくして何も始まらない。本気で自分の新しい仕事、すなわち変革を起こすために何かをしたいと思うかどうかです。

栄一は自伝『雨夜譚』（岩波文庫）」の中で、「自伝は慨嘆の余り、現職を辞して全力を奮って商工業の発達を謀ろうという志望を起こしたのであります」と語り、一度は大蔵省の辞職を引き止められたが、明治6年に退官します。そして、まだ海のものとも山のものともわからない日本で初めての合本法（株式会社）、第一国立銀行を創立します。当時の大衆は銀行さえ聞いたことがありませんでした。また「学問、気力、智恵のある者、一芸一能ある者はことごとく官途に進むという傾きの中」で、一般の投資を募って民間事業を始める。この決断は余程の覚悟が必要だったのです。

2 勝とうという意欲

栄一は「勝負ごとが好き。それもいつもねばり勝ちである。徹夜して、みんながくたびれ、頭がもうろうとした夜明けごろになって力を発揮し、にこにこしながら、まき上げる。『明けの大黒』といわれたゆえんである」（城山三郎『雄気堂々』新潮文庫）。

栄一の負けず嫌いが忌憚なく発揮されたのは「三菱財閥」の創始者岩崎弥太郎との戦いでした。隅田川の舟での有名な「合本法」の是非をめぐっての議論と対立の後、独占状態にある岩崎の海運事業への果敢な挑戦で見せた粘り強さの中に、栄一の負けず嫌いが発揮されたといえます。

3 イニシアチブ

渋沢栄一が息子秀雄に語ったエピソードの中に「父は用の蚊がたかってくるのを待ち切れずに、自分の方から逆に蚊を追い回す人だった」（渋沢秀雄『渋沢栄一』竜門社）というのがあります。

何しろ栄一が創立に参加した企業数は５００社、それ以外に関わった社会事業は６００社。これをイニシアチブと言わずになんと言えますか。

4　押しの強さ

栄一は「経済人を自ら招集し、奉加帳の冒頭にまず自分の献金額を書き、その奉加帳を持って、会場の出口に座り込む熱心さであった」（城山三郎「わが20世紀人　渋沢栄一」読売新聞平成8年10月12日夕刊）」と言われています。

この押しの強さは、安部摂津之守の代官から父の市郎右衛門に呼び出しが来たとき、父の名代として17歳の栄一が出頭し、500両の御用金を要求された際にも発揮されています。理不尽な要求には屈せず「帰宅して父に申し伝える」と言って、その場で即答を避けたのも、この押しの強さの特性があったからでしょう。

5　説得力

栄一は実にタイミングよくあらゆる機会を通じて、自分の考え方や信念や提言を行いました。彼の人生は、まさに説得の連続でした。80歳を迎えた栄一が最後にサンフランシスコを発つ前夜の演説で「もし今後日米関係に不測の事態が起きたときには、私は棺に入ってもアメリカに来るであろう。そこまで自分は日米関係を心配している」と語った内容は、翌日の新聞に載りました。その記事に感激したある貴婦人が「実に偉大なる老人である。自分もこれから及ばずながら、日米親善のために努力しなければならぬということを痛切に感じる」と栄一を訪ねてきたといいます（前掲『渋沢栄一～民間経済外交の創始者～』）

栄一の意見がアメリカで注目を集めた理由は、明確なヴィジョンをもち、かつ、リズミカルでユーモアあふれる明るい彼の説得力によるところが大きかったのです。

栄一は、歌舞伎、浄瑠璃、映画など芝居物を好み、また落語家から学び、助言を求めました。まさしく、セールスマンシップを身につけるために学習を怠らなかったわけです。

6 金銭感覚

栄一は14歳のときに、祖父を上手に説得して自分一人で藍の葉の買い出しに出かけます。小さな子供だとろくに相手にしてくれない売り手に「小父さん、この葉は肥料が足りなかったね。こいつは乾燥が不十分じゃないか・・・・・」などと言って、最後には上質の葉を安く仕入れてきました。コスト意識を持ったビジネスマンだったのです。

7 責任感

聖路加国際病院長だったトイスラーは「子爵のもっとも優れた特長の一つは、いったん成した約束の忠実さである」と、当時81歳だった栄一を評しています。

この特質は、国庫の歳入歳出のバランスの面でも発揮されます。西郷隆盛が二宮尊徳の相馬藩の「興国安民法」尊牌を問題にした時も、また当時の大蔵大臣大久保利通が陸海軍の多額の経費を鵜呑みにする案を立てた時も、責任ある反論を試みています。その後、民間企業500社、非営利事業６００社の創立に関係した時も、一旦、自分の名を出した以上、決して有名無実の役員にならず、驚くべき精神力と責任感を発揮しました。

8　問題解決能力

栄一の盟友、喜作が自分たちの新しい船会社の投資家が撤退するのを見て「これでは岩崎弥太郎を喜ばせるようなものだ」と言って動揺した時、栄一は「岩崎が喜ぼうが、悲しもうが、直接我々の問題ではない。我々としてはともかく風帆船会社を盛り立てて、民業の不便をなくすことだ。そのために、一番いい体制を固めておくことだ」（前掲『雄気堂々』）と、個人的な感情より何が問題かを喜作に明確にさせたのです。こうした栄一の問題に対する冷静な取り組み方があったからこそ、栄一の元に仕事や人が集まってきたのだろうと思います。

9　依存心の無さ

徳川慶喜の弟である昭武がフランスへの施設団長になり、栄一が一行の経理兼雑務担当に選ばれて日本を出ました。この時、幕府崩壊の政変の報せが届かねば、一行は3年にわたってヨーロッパで滞在する予定でした。その間、資金に窮する事態が起こらないとは言えません。異国で頼れる人は大勢いない。栄一は手堅い経理を行うと同時に、フランスで公債を売買し、使節団の渡航費用を一文の無駄もなく自分で運用しました。それだけでなく、利益までも計上する離れ業を演じて見せたのです。こうしたことをやり遂げられたのも、異国の空で自分たちの生活は自分たちで守る、栄一の依存心の無さによって支えられたと考えられます。

10 あいまいな状況下での仕事

栄一の情報収集のあくなき努力と好奇心、またその情報の質の高さは、子供の頃の藍の葉の買い付けから、勤皇の志士、一橋慶喜に仕えた幕臣、新政府の役人、下野して民間経済界のリーダーを通じて一貫していたのです。だからといって、栄一は全ての情報が入手できるまで待って行動を起こしたのではありません。

日本で初めての株式会社を創立した時も、あいまいな状況の中で行動を起こし、さらに効果的に仕事を推進しました。それでも栄一は設立当時を振り返って「今日から見ると、あたかも底に孔のあいているのを知らずに、袋に物を入れたようなものであった」と回想しています。自ら完全主義者でないことを認めているのです。

11 忍耐力

栄一の体験からにじみ出た言葉の中に次のような片言があります。

「自分の仕事を絶えず勉強していると、大して智恵のない人でも、その仕事には自然と知恵が湧いてくるものだ」

頭の良さそうな人ほど、先が見えすぎるため、見切りをつけてあきらめるため、仕事で成功しないことが多い。栄一はこうも言っています。

「私は、明治の初めから一人でいろんな仕事を引き受けてきました。草分け時代だったからやむを得ない。しかし、一人一業が本当だ。一つの仕事をやりあげるのだって、容易なことではない」

一つのことをやり遂げるには、まさに忍耐力が必要なのです。

12 市場志向性

栄一は、事業を計画するときの4つの心得を後進に残しています。

一つは、その事業は道理に正しいかどうか。

二つ目は、時勢に適しているかどうか。

三つ目は、人の和を得ているかどうか。

四つ目は、自分の分にふさわしいかどうか。

この中の二つ目が市場志向性に関連する。

栄一は2人の外国人技術者を雇い、本格的な製紙工場の建設に乗り出したことがあります。この事業は資本金10万円で出発したが、設備投資に思わぬ金がかかり、また満足できる紙の生産もできず、さすがの栄一も青息吐息の状態で頭を抱えてしまいました。そこで、人をつくらず、工場を急いだことを反省しています。それも道理だが、当時、用紙需要の多かった新聞でも、2～

3の有力紙の発行部数はせいぜい2〜3000部。量産体制が整っても市場が果たしてどこまでついてきたかは問題だと思います。栄一の第二の教訓は、こうした体験から得た可能性も強いと思います。

この市場志向性の基礎になる考え方があります。それは自分の会社の商品やサービスが、真にお客さんの役に立つのかということです。最近は、お客さんの目先の満足度を高めることだけに目を奪われることが多いのですが。その前に、自分の会社の商品やサービスが社会や人々のために本当に役立っているのだろうかと深く考えてみる必要があると思うのです。

この判断は、人それぞれの価値観とも関係してくるので、簡単に解答が出るわけではない。しかし「不易流行」の不易の部分だ。

栄一の場合は、その価値観を道徳経済合一節に求め、仁を実践哲学のベースにして市場機会をとらえた。だから事業の道理性を第一にあげたのである。

13　志・こころざし

第8講でも述べましたが、渋沢栄一を論じるには不可欠なことですので繰り返します。「志が集中すると気も自然に動き出し、逆に気が集中すると志も動き出す」

この認識に基づいて孟子は、常日頃から「浩然の気を養う」ことの大事さを説きました。「浩然の」とは「広くて大きなさま」を言います。維新の志士達は、その心境に到達するため詩を作り吟じたり、自己宣伝を行いました。

相手を思うささやかな気持ちを「寸志」と呼びます。元々、和語の「こころざし」は、ある対象に心を引きつけられるとき、それがきっかけとなって、生まれる志向性を持つ心の働きを指していました。この「こころざし」が漢字の「志」の訓読みに当てられるようになってからは「志」を重視した儒教思想の影響を受けて、次第に「心中にある目標を定めること」という、より高次の「目的意識」を持つ精神作用を指す用法へと移り変わってきました。

そして目標達成機能（合目的律）ではなく、新しい価値を形成する目標創造能力（創目的律）を意味しています。より高い、価値のある目的を創り出す精神エネルギーを指すのです。日本の経営者にもっとも欠け、教育の基本からも失われていることです。

札幌農業学校に校長として招かれたウィリアム・クラーク博士が、帰国に際して見送る生徒たちに残した言葉は、多くの人々の共感を呼び、今なお語り継がれています。

Boys be ambitious. Be ambitious not for money or for selfish aggrandizement, not for that evanescent thing which men call fame. Be ambitious for the attainment of all that a man ought to be.

「少年よ、大きな野心を持て。お金や地位などのためでなく、また自分本位の欲望を満たすためではなく、また、人が名声と呼ぶ儚く消えるもののためではないことに大きな野心を持て！　人間としてこうあらねばならないということのすべてを実現しようとする、そうした大きな野心を抱け！」

日本語には英語と違って「志」という一語で、その趣旨を表現できる言葉があるので、このクラーク博士の感銘深い言葉が簡略化され「少年よ、大志を抱け！」となって広く一般に知られるようになったのです。

この「志」には、明らかに目指す方向が示されているけれども、個々の人間の具体的な目的を制約するようなものでもないし、特定の宗教の信条に基づくといったものでもありません。かつ、人類がよりよく生きるために知力と気力と体力のソフトウエアを向上させ、目標や目的の価値をアップグレードし、人としてあるべき道の方向を示唆する理念が含まれています。

ここに「志」の普遍的な価値があり、したがって、こころざしKOKOROZASHIは日本から唯一発信できるグローバルに通用する概念でもあると言えます。

現在の容易ならざる状況から脱却して将来の展望を拓いていくには、何よりもまず進取の気性と企業家精神に富み、ビジネスモラルを持った、気概に溢れた人財を多数生み出していかなければなりません。

そのためには、志のある人づくりが急務です。さて、栄一の場合はどうであったか。彼こそ、志・こころざしの人であったのです。それを知るにはどうしたらよいか。彼の人生に触れることです。栄一の人生に触れたときに、あなたもきっと彼の精神エネルギーと生命力を感じとり、何事にもへこたれない希望と勇気が湧いてくるのです。

第3章 「教育」から「啓育」へ

第1論

人づくりへの提言

教育と学問の分離論

「教育」ということばは、孟子が君子の3つの楽しみの中で語っておりますが、日本でよく使われ始めたのは、ほぼ120年前からで、明治政府になってからだと思います。当時、初代文部大臣になる森有礼を福沢諭吉の間で、「教育と学問」を分離すべきかどうかが議論になりました。森有礼は先進欧米諸国の技術に追い着くために、その前提として国民の〝教育〟水準を上げるため、段階を追って知識を教え込んでいく画一的な方法論を取ったのです。

「ものを考えること」よりも、「ものを知ること」を優先したのです。「問いを学ぶ」学問は後でよいとする「教育と学問の分離論」を推し進めたのです（『近代日本教育制度史』中島太郎、岩崎書店）。

この考えに真っ向から反対の立場を取った福沢諭吉は、子供の頃から問いを学ぶ「学問のすすめ」を啓蒙し、好奇心と探究心を持ってものごとを観察し、そうした心構えに裏付けられた合理的な批判精神を養うことを人づくりの目的として、日本の独立を考えたのです。

しかし、結果は森有礼の分離論が日本国の人づくりの基本方針となったのです。この時に、

Education を教育と訳す間違いを犯してしまったのです。Education はラテン語の語源で EX（Out of ）と Ducere（lead して引き出すの意味で、中世に Ductum になる）の合成された言葉で、人の持っている潜在的な力、Human Potential を引き出すという意味なのです。

したがって、人づくりの基本的な概念にはこうした発想が原点にあるべきで、教育ありきではないのです。「教育」は Teaching、教え育むことで、Education ととらえては、その言葉の内包している範囲から逸脱してしまうのです。

教えるということは、他人（教える人）の頭を利用して考えさせることで、自分の頭で考える思考力の養成にならないのです。無論、教えなければならないことはたくさんありますが、それは人づくりの方法の1つに過ぎないのです。「教育の構造改革」の第一の〝理念〟といわれている「『個性』」と「『能力』の尊重」の中でも、「自ら学び、自ら考え、行動し……」と書いてありますが、このことは教育を通しては困難になるばかりです。

「啓育基本法」と志

川上正光教授（元東京工業大学学長）は、Education を「啓育」と訳しています。そして、「Education を『教育』を大誤訳し教育にすり替えてしまったのは致命的失敗である。教育は Teaching に該当し、教えることで、才能を引き出す Educate とは完全に逆の操作である。したがって、わが国では教えられるだけで、Educate は一切していないといっても過言ではなさそうである」（『独創の精神』共立出版）と言い切っています。Educationはむしろ「開智」とか「啓発」、「啓育」に近い概念で自らの力で自発的にものごとの道理を明らかにしていく好奇心と探求心に基づき、内発的意欲によって可能になるのです。

教育は人から教わるということで外からの力に依存する学習なので、内発的意欲が生まれにくくなるのです。こうした「教育」ということばの概念を正確に吟味しないで使い始めたために Education の言魂を吸収できず、人づくりにおけるボタンの掛け違いが起きたのです。本来日本人の持っている潜在力がゆがめられるキッカケを作ってしまったのです。そして、そのことを正すことを戦後もしなかったのです。

〝高い志〟ということばが「教育の構造改革」の中で使われていますが、内発的意欲の低下とともに本来の意味での志も風化し始めているのです。われわれの祖先が漢字を仮借して表語文字の日本語を作った時は、こんな判断ミスはなかったのです。しっかりと漢字の言魂を吸収したのです。このことがわかってから、私は「教育基本法」という言い方も中身と違っており、「啓育基本法」と直して内容を吟味しないと実と名は一致せず、人づくりの改革など出来ないと思うようになりました。また、志の言魂も「啓育基本法」の中であれば自然に生かされる概念になれると思います。

名と実の一致

今、人づくりは、資格取りの点数などの設定というような枝葉末節な目標に時間を費やしている時期ではないのです、本気で人づくりに関して国家百年の計を考えるのであれば、急がば回れの近道で、名と実をまず一致させ、思考を正し、人々の持っている潜在力を引き出す啓育に取り組んでいただきたいのです。そろそろ形の見えやすい制度や仕組みを変えるだけではなく、人づくりに関係する人々の意識や心構え・Attitudeを啓育へと変革するような基本的対策も工夫されることを期待します。

第2論 人づくりの手抜きはボディーブローのように効いてくる
——人財育成に戦略ミスあり——

心を瘀考《おこう》から守る

正常な細胞が発ガンするには、10年から30年かかると言われています。

伊東でプチ断食道場を運営する石原結実（医師は、「細胞がガン化しやすい状態は、血液の流れが悪くなってドロドロの状態になり、汚れることによって起こる」と力説する。これを東洋医学的にいえば「瘀血」と言います。その原因は過食であったり、ストレスや運動不足であったりして、血が汚れるためです。

人間が潜在的に持っている能力も、同じように考えが汚れると発揮されなくなります。ものの考え方が汚れるというのは、悲観的になり、いつもイライラ、不安、恐れ、怒り、自己憐憫などの消極的な感情に支配されている状態とも言えます。また、先入観や既成概念にとらわれて心が目隠しされている状態とも言えます。私はこれを「瘀考」という新語で表現しています。血が流れにくくなるように、積極的な考え方が滞ってしまうのです。

私たちの考え方は、繰り返しているうちに習慣化し、無意識に反応する考え方のクセが出来上がります。そして、そのクセは、その人の心の持ち方、すなわち心構えを形成します。遺伝子工学を研究している村上和雄さん（筑波大学名誉教授）は「心の持ち方」というものが遺伝子に大きな影響を与えると説いています。DNAのスイッチをONにするには、心のありようが肝心です。

この心の持ち方は、私たちの感情に影響を与えます。感情こそが私たちの行動のあり方を決めていくのです。たとえば、消極的なものの考え方をしている人は、何ごとにもダメだと思うようになり、その考え方がクセになります。自己概念や自己イメージが、マイナスになってしまうのです。よい遺伝子がOFF状態になるのです。

そうなると、自分のレゾンデートル・存在根拠が不明確になり、人生に効力感を持てなくなります。この効力感とは、自分が努力精進すれば、周りの人や環境、自分自身に好ましい変化を起こす能力があると自覚できる時に感じる心の状態なのです。この心の状態を保てなければ人は自信と勇気を失い、内発的なやる気がなくなります。人生における生きがいと働きがいも失うことになります。その結果、無気力になったり、破壊的な言動をとったりもします。自分の持っている潜在力や可能性、心のエネルギーが活かされず、マイナスの方向に使われてしまうのです（図

1参照)。

コップ半分の水をどう見るか

今の日本の経済は、日本人の大半が不況でダメだと思っているので、そう思うことによって起こるマインド不況とも言えます。人間は思ったとおりの人間になる。ダメだと思い込むと、そのことが実際に起こる確率が高まるのです。

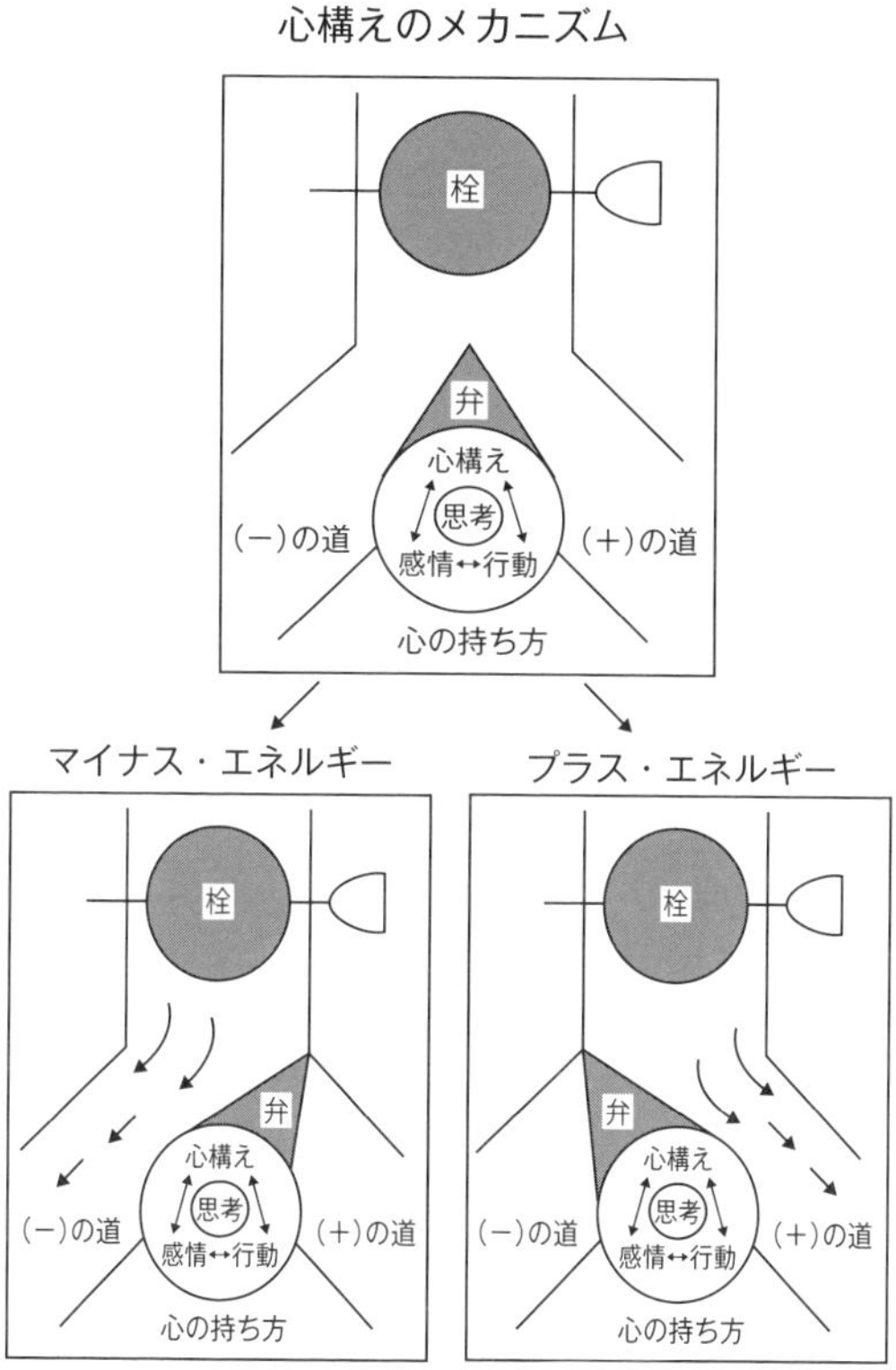

図1　図2

積極的にものごとを考える人は、その逆で、どんな逆風が吹いても勇気と希望を失わない。水が半分しか入っていないコップでも、「あと少ししか水が残っていない」とは考えないで、まだ入る可能性の方を見て、手を打つ。積極的に考えるということは、なにも能天気になるということではありません。

「現実を直視出来る勇気を持て」ということでもあります。自分の強みを生かしながら現状を正確に分析する心の準備が出来るのです。こうして、考え方の〝血流〟は、プラスの方に流れます（図2参照）。

よい遺伝子がON状態になるためには、自分の存在根拠、すなわち生きる意味や志を発見し、自己概念や自己イメージを明確にしなければなりません。元気を出すには、自分の生き方や志を言葉に表現することから始まるのです。元気は言氣からなのです。

しかし、この言葉は知力を鍛えなければ魂が入らないので、カラ元気で終わります。この魂から生まれた言氣があれば、逆境に遭っても、そこを切り抜ける脱出法を創意工夫するための自信と心のエネルギーが増幅されます。消極的な気持ちをコントロールして、積極的な感情、特に熱意を持てるようになれば、行動力もより前向きになり、新しい目標を創造していく内発的なやる気や独創力が生まれるのです。

組織の瘀血は全社員の体質改善から

以前、大手新聞で、「『全体底上げ→企業成長』はもう古い？」「社員研修まずは『実利』リーダー育成に集中」というタイトルの、社員研修事情に関する記事を見ました。私はこの記事を読んで、この考え方のレベルでは日本の企業の人づくり戦略は失敗すると思いました。

今こそ、社員一人ひとりの心構えの体質を改善して、〝心の筋肉〟を鍛えなければならない時なのです。これはリーダーだけでなく、フォロアーも含めて行わなくては効果がありません。それなのにこうした底上げを怠ったために、デフレ不況に対処できる社員の力強さと挫折回復力に対する免疫機能が低下してしまったのです。原因と結果を混同したこの記事のタイトルを残念に思ったのは、そんな理由からです。

これからは、一人ひとりの特徴のある能力と内的意欲の集合による総合力が必要です。チームにおける一人ひとりの適切な役割の組み合わせと心の持ち方を変えることによって組織の瘀血《おけつ》を防ぎ、組織全体の活力化をはからなければなりません。

それはリーダーやエリートだけを集中してトレーニングすればこと足りるというわけにはいきません。渋沢栄一の体験からにじみ出た話の中に、次のような言葉があります。

「自分の仕事を絶えず勉強していると、大して知恵のない人でも、その仕事には自然と知恵が湧いてくるものだ」

頭の良さそうなリーダーほど、その先が見えすぎるため、忍耐力不足で見切りをつけてあきらめ、仕事の本質がわからないまま失敗に終わることがあります。

無論、リーダーからの意識改革や言氣回復はすぐ始めなければなりませんが、フォロアーも含めた〝心の筋肉〟の強化を同時に行わなければリーダー育成は徒労に終わります。なぜなら、やる気を失ったフォロアーによってリーダーをいえども比較的簡単に勇気をくじかれ、結局リーダーも自分だけの成果のことしか考えなくなるからです。大局的な企業目標や志はどうでもよくなってしまうのです。

だから、企業の「組織全体としても底上げ」が今ほど希求される時はないのです。「全体底上げ→企業成長」の「企業成長」をさせることこそ、今からの企業命題である「持続可能な成長」の条件なのです。

したがって、今さら、「まず実利」や「リーダー育成に集中」の分別で社員研修をするのは、ガンになってしまってからの対症療法のようなもので、実利中心の人財育成は組織力の低下の予防にはならず、その場しのぎで底が抜けていることになります。

社員の内発的やる気をアップする「人づくり7つの提言」

人づくりには、機能的な役割と態度的な役割の双方の強化が必要です。機能的な役割とは、スキルや知識、ノウハウといった実利に関係した能力です。これに対して態度的な役割とは、心の持ち方や志といった、内発的やる気を支える信念や魂に関係した能力です。この2つの役割は、渋沢栄一の説く「道徳経済合一説」と共通しています。ところが、企業は人財育成というと、この実利を強化すればこと足りると思っているところに大きな落とし穴があります。

研修担当者が実利のトレーニングに力を入れる理由は、比較的即効性があるので、経営者に報告しやすいという面もあり、経営者も目先の効果と利益のみを評価します。すなわち、目に見えにくいところの心の持ち方、心構えや魂を鍛えることをどうしても疎かにしてしまうのです。

そのうちに、社員は人生を強く生きるバックボーンを失って、精神的な内発的やる気を失う。そうなると、いつリストラされるかわからないこともあって、外のお客様はそっちのけで、身の保全や新しい肩書のためにMBAなどの資格取りやスキル研修に集中する。そして、「実利」と才覚だけにはたけているが、魂の抜けた薄っぺらな人財、自分のことしか考えない経営者や社員になっていくのです。

そこに経営戦略の判断ミスや危機管理意識に弱い管理者や社員が増え始めるのです。知らず知らずのうちに組織は官僚化し始め、今までの「顧客満足」対策の臨界現象も相俟ってお客様は去っていきます。中長期的な魂才バランスのとれた人づくりの手抜きが、ボディーブローのように組織力を低下させる。これでは、日本企業の人財育成の戦略ミスになる。そこで、更に悪化しないように、企業の「人づくり7つの基本提言」をしたいと思います。

1　人づくりには「急がば回れの近道」の考え方が必要。経営者は、人財育成に臨んで短　期志向をやめてほしい。人の能力や意欲は千差万別。「人づくり」は、中長期戦略で取り組む熱意を持とう。

2　リーダー育成に集中するだけでなく、フォロアーも含めての心の持ち方の体質改善で心の筋肉を強化し、企業の元氣・言氣を回復しよう。

3　人的資源の棚卸しは、スキル、資格、実務経験といった機能的能力だけでなく、自発的意欲、心の高い姿勢、といった人間的な深みのある能力を重視しよう。

4　外的意欲（報酬や地位など外的成功中心）に頼るのではなく、自らの心構えに変革を起こす内発的やる気（自らへの忠誠心や志、信念など内的成功中心）で、モラールアップを図ろう。

5　企業家精神はベンチャーだけのものではない。その気になれば、だれでも今の職場で企業家精神を発揮できる。どの会社にもいる創業者たちの思いと価値の伝承を行い、「戦略的な志」の旗を揚げよう。

6　人の可能性や潜在能力を伸ばす人財育成・能力開発部門は、それを評価する人事部門から出来るだけ独立させ、もっと本音で、相互啓発と切磋琢磨出来る場にする。更に中長期の経営戦略とリンクさせ、志と企業家マインド及びセールスマンシップ（営業力）のある人財を育てよう。

7　経営者も社員も「瘀考」が起こらないようサラリーマン的発想を脱皮し、人生の棚卸し、意欲啓発や「人づくり」には自ら進んで参加する好奇心と勇気を持とう。

（初出「青淵」650号）

第4章　言氣を取り戻す

第1談

子供の啓育はマイナス3歳から

——大脳生理学からみたやる気の問題——

VS大脳生理学者　時実利彦

140億の脳細胞

柳平　幼児の能力開発ということが言われています。能力開発とは、どういうことなのでしょう。

時実　1人ひとりの持っている能力を生かしきるということでしょうね。人間の大脳皮質には、140億の神経細胞があります。これは、世界の人口36億の4倍です。それが、ちょうど、新聞1ページの大きさの大脳皮質に収まっているのです。

柳平　人間の脳というのは、何歳頃までに、つくられるのでしょうか。

時実　脳の働きをコンピューターにたとえますと、脳の働きには、ソフトウエアとハードウエアがあるのです。動物には、ハードウエアしかありませんが、人間には、ソフトウエアが備わっています。ハードウエアは、3歳頃までに回路ができあがってしまいます。4歳頃から、ソフトウエアの回路ができますが、この頃から、自分で何かをしたいという気持ちが起きてきます。ちょうど、第1回の反抗期というわけです。

ソフトウエアの働き

柳平　そうしますと、自発的に、自分で何かを始める頃が、ソフトウエアの開発期と考えてよろしいのでしょうか。

時実　そうですね。そして、そのソフトウエアを使うことがモティベーション（動機、意欲）ですね。自分から何かしたい、ものをつくりたい、と思うのは、ソフトウエアの働きです。

これは、人間にだけあることで、動物は、本能だけしかありません。ですから、動物には、モティベーションがないのです。

柳平　そうしますと、ゼロ歳児の教育などということも、ハードの形成期を考えると、非常に重要ですね。

マイナス3歳の教育

時実　「三つ児の魂百まで」と言いますが、3歳頃までに、回路の約70パーセントができてしまいます。ですから、3歳までの環境も大変大切です。

私は、ゼロ歳どころか、マイナス1歳、マイナス3歳の教育が大事だと思っています。最近では、子供は社会が見るべきだという勇しい女性もいますが、私は、子供は親が自分で手をかけて世話をすることが、大変重要なことだと思いますね。

そういう点からいっても、親の心構えが大切です。自分に、子供を育てる資格があるかどうかをよく考えて、自分の子供は、自分で面倒を見ていくという姿勢が必要ですね。ですから、私は、マイナス1歳、マイナス3歳の頃の親としての教育が大事だと言うのです。

柳平　つまり、子供の生まれる前から、親が親としての心構えをつくるということですね。

石井方式という《漢字の教え方》でも、石井勲先生は、ゼロ歳で漢字が読めると言われています。ハードは、既に備わっているのですから、そこに漢字を与えれば、ゼロ歳の赤ん坊でも判別できるということですね。

時実　漢字を読むことは、言葉を話すことと同じです。言葉がわかるなら、漢字がわかっても当然です。ところが、赤ん坊は、普通、言葉ほど多く文字には接しませんから、話せても読めない。子供の部屋中を漢字で一杯にすれば、自然に覚えていくでしょう。親は面倒だからしないでしょうがね。最近の子供は、よくしゃべる。しゃべってばかりいる。あれは、文字に触れるチャンスが少ないから、言葉のほうばかり発達するんですね。

石井方式で基礎づくり

柳平　大脳生理学からみても、3歳で漢字が読めるというのは、何の不思議もないわけですね。

時実　石井先生の主張について、とやかく言われる方もいるようですが、私は、いいことなら、今すぐ始めるべきだと思っています。言葉と文字を、早くから身につけて、しっかりしたハードをつくっておけば、将来、どんな方向へでも伸びられますからね。

安物カメラも腕次第

柳平　とっくの昔にハードが完成してしまった私たちは、もう手遅れでしょうか。

時実　そんなことはありません。人間の頭脳の働きは、ソフトウエアの働きのよいわるいにかかっております。そして、このソフトウエアは死ぬまで、ずっと働き続けています。

たとえば、いま、ここで写しているカメラは10万円はするでしょう。

一方、名もない2000円から3000円のカメラがあります。ハードは明らかに10万円のほうが優れています。しかし、写し手が下手だったら、いくら10万円のカメラでも、いい写真はできません。また、安物のカメラで、少々性能が悪くても、写す人の腕がよければ、芸術的な写真だって写せるでしょう。

ＩＢＭや富士通で出している超大型のコンピューターは、確かに優れたハードウエアです。しかし、使い方を知らなければ、どうしようもありません。私は立派なコンピューターは使いこなせませんが、ソロバンを持たせてご覧なさい。ソロバンのほうが早いでしょう。

いくら立派な百科事典があっても、それを見る方法を知らなければ、役に立ちません。

ハードがすべてではないのです。脳の回路ができあがってしまったのだから、もう手遅れだなどと悲観することはありません。ソフトウエアは、一生かかって開発されるのです。

４歳からモティベーション

柳平　脳というのは、段階を追って発達するのですね。

時実　人間の脳の発達は2段階に分けられます。初めの段階は、生まれてから3歳頃まで、次が4歳から10歳頃までです。3歳までは模倣の時期です。神経細胞が、赤ん坊の周囲の環境や親の言動などを、そっくり真似して、回路網をつくっていく時期です。4歳を過ぎると、それまでにつくられた回路を、自分で使おうとするようになります。モティベーションが起きてくるのです。神経細胞がシナプス結合をして働き出します。創造の時期に入るのです。こうして、4歳頃から開発されるのがソフトウエアです。これは前頭葉にあります。

脳の仕組みはだれも同じ

柳平　日本人は頭がいいと言われますが、人種によって脳は違うのですか。

時実　そんなことはありません。日本人が頭がいいと言われるのは、日本人のほうがシステムがいいからです。脳はだれでも同じです。白人でも黒人でも脳の仕組みには、何の違いもありません。頭がいいとか悪いとかいうのは後天的なもので、環境の影響が大きいのです。

柳平　オオカミ少女などの話を聞いても、生まれてからの環境は大きな影響力を持っておりますね。人間でも、オオカミに育てられれば、オオカミになってしまう。幼児の音楽教育で有名な鈴木慎一先生が、「だれでも天才になれる」と言っています。

才能は回路による

時実　才能は、生まれてから、その脳細胞が、どう育っていくかによって決まります。才能は回路の良し悪しに関係していますから、生まれてから良い回路をつくってやるようにすれば、才能が育つのです。

イタリア人が音楽的才能に恵まれているのも、母親の声が音楽的だからです。日本の母親は、ドラ声を張りあげて、子供を叱りつけていますが（笑）、イタリアの母親は、子供を怒る声にまでリズムがあって音楽的です。こういう環境に育てば、音楽的に良い回路ができるのは当然です。

柳平　赤ん坊の頃の環境が、いかに大切か、よく分かります。

障子を破れぬ子供たち

時実　ところが、最近の子供は、団地というマスの中に閉じ込められて育てられていますから、創造性に欠けているでしょうね。

昔は障子やフスマを破りながら大きくなりましたが、最近の団地暮らしでは、それも、難しいでしょう。親の言うままになる、モティベーションのない子供が多いということでしょうね。自分から何かしたいということが、少ないのではないですか。

柳平　ソフトウエアの良い回路がつくられないわけですね。

１２５歳まで働く脳

時実　ソフトウエアのあるのは人間だけですが、このソフトは１２５歳まで働くと言われていま す。だから、年をとっても、何かをしたい、あれを終えたいというように、ソフトの働きは続くのです。人間は、何かしたいと思い、しないではいられないのです。もし、何もしないで、狭い部屋にじっと座っていろと言われたら、たいがいの人は頭がおかしくなります。

柳平　１２５歳まで働くとは心強いですね。

高校生の意欲開発を

時実　いま、一番モティベーションの必要があるのは、高校生ですよ。昔は、高校生ぐらいになったら、親の反対を押し切っても、自分の好きな道に進むというモティベーションがありましたが、いまの高校生は試験の結果で学校を決め、親の言うなりになっていますね。おたくでも、高校生のモティベーションを促すようなことはできませんか。今後この問題は高校生から中学生、小学生へと広がっていくでしょうね（笑）。

柳平　確かにおっしゃるとおりです。今後の教育の見通しについては、どうお思いですか。

時実　そんなに悲観することはないと思います。いま、戦後のツメコミ教育に反省が起こっていますが、行き過ぎに気づき、元へ戻ろうとするのに20年間かかっています。ですから、教育は長い目で見ないと……。

長い目で見れば、人間の知恵で、行き過ぎは必ず是正されると思います。

第２談 心構えの変革はなぜ必要なのか

VS心理学者　南博

※この対談は１９７８年に行われ『ＭＧマネジメントガイド№２８６』に収録されたものですが、心理学の大家でおられた南博先生の示唆に富むお考えのエッセンスが数多く含まれていますので、文意を損なわない範囲で抜粋し再録することとしました。

有能な人ほど病む

南　今の世の中、「天下泰平で、すべてが事もなし」としている人の方が問題です。先のことは実に不確実で、すべてが疑問です。だから、こういうときに迷うとか、悩むこと自体は決して悪いことではありません。悩みがなければ、人間的成長がありませんし、その意味で確実性の時代などというのはない。ただ、問題は、不確実の度合がどのくらいかということです。もっとも、心理学でいう「自我不確実感」というのが強すぎると、人間にはいろいろ問題が出てきます。

柳平　量的にも質的にも、昔より、不安現象がかなり増えているように感じます。

南　社会の近代化はノイローゼを増やします。江戸時代の文献を見ると「ノイローゼの人」というのはいない。身分制度がはっきりしていて、ある意味では、人々の心が安定していたのでしょう。

ところが、社会が近代化され、身分を離れて一人ひとりが同じレベルで付き合わなければならなくなると、あらゆる意味で競争過剰の社会になってきます。一方で、社会一般には一人ひとりの人間関係が平等になってきているので、会社などで上役と部下という上下関係が出てくると、それにスムーズに対処できなくて、それが「自我不確実感」を高める要因となってしまう。

なんとかうまくやろうとすると、四方八方に気を配り、頑張る。ところが張り切り過ぎるから、適応過剰という状態になってしまう。人もうらやむほどの早い出世と回転の速さで知られている有能部長が、突然不眠症になったり、ノイローゼで入院するのは、適応過剰が原因です。

柳平　そうした環境の中で、私たちが生きている実感を持つには、どのように対処していけばよいのでしょうか。

南　一人ひとりが「確実感」が持てるように努力することです。確実感が持てるというのは、どのような状況でも、ちゃんと頭の中に引き出しがあって、社会環境と自分との関係をはっきり捉えられるということです。時代が不安定で不確実というのは避けられないと思う。そうすると、問題は、環境が不確実になっても、その中に生きていく人間が、自分のレパートリー、例えば人間関係、仕事、家族、そして自分自身などについてのレパートリーをちゃんと持っていればいいわけです。

ある状況に対して、そこに含まれる危険を知りながら、危険の原因がわからず、あるいはわかろうとしないで、ただ消極的に気を使っているのが「心配」という状態です。危険に対して原因を突き止めず、したがってそれを防ぐ対策も立たない。この心配が、さらに未知の危険にまで拡大され予感されていくと、不安につながっていきます。

おそらく、経済面でのめまぐるしさ、公害など近代社会のもたらす変化への危険意識がかなり多くの人の心の中に根づいてしまっているのでしょう。それが「不確実な時代」という表現で、一般的な社会不安を作り上げてしまっているのです。

一般的にはこのような不安を瞬間的に紛らわすために、酒を飲んだり、娯楽に興じたり、あるいは強い影響力を持っている個人や集団に寄りかかることによって、心の安定を得ようと努力するんですね。

柳平　いま、そういう傾向があらわれてきていますね。学生の就職をみても、まず安定しているところ、すなわち公務員とか、「一流企業」に殺到します。一流というイメージに自分を一致させて安心しようとするのでしょうか。

南　そういうことがあります。学校も一流校に入っていないとダメだとか・・・。職場であり、家庭であり、社交集団であり、いずれにしても、私たちは一人では生きられないから、いろんな集団でも、それに属するメンバーの心理的な安定化に一役かっているわけですが、人間は集団の中で自分がはっきりした役割を持ち、それに応じた地位を占めるとき、自分が集団の中で安定しているという感じ、つまり自我安定感を持てるようになる。

集団の目標がはっきりしていて、同時にその目標が自分の個人的な生活目標と重なり合う部分が多くなればなるほど、確実なものになっていきます。

個人と集団

柳平　ＡＩＡプログラムでは、自分の人生の生涯設計を明確にしていくという作業をグループ・ディスカッションを通してやります。仕事、経済問題、精神的な側面、健康体力面、知性教養面、家庭の問題、そして自分を取り巻く隣人、あるいは地域社会、これらの７つの分野で、それぞれ自分の将来の方向をはっきりさせていくわけです。

このコースの最大の特長は、常に自分と周囲、周囲と自分との相関関係のバランスの中で、健康、心の安らぎ、やる気、豊かさを確実に自分のものにしてゆくためのプロセスです。そして、それらのプロセスの中から、自己の目標設定をし、それを達成してゆくことを学ぶ。いろいろな人との話し合いを通じて自分を見つめ直すという体験ができる。

だから「現在は、不確実だが、自分としてはこういう目標で新しくやり直してみよう」という決断をして、行動に移るわけです。新しい自己像、自己イメージを明確にすることが、自分自身と集団との関係、つまり集団の中での自分の地位を明確にし、不安感を取り除いていくための強力な方法になっています。受講した人は、自分はこれから積極的にいきていけるという自信を得るわけです。

受講者の悩みを見ていると、周囲を気にするあまり、自分を失ってしまって、やる気がなくなっている人、あるいは逆に周囲から浮かび上がって空転している自分に気がつかずに悩みを抱えている人等々ですが、集団と個人との心理的な意味でのバランスが必要だと思います。

しかし、今日では、果たして集団も個人も本当に人間的成長の心理的欲求を満たしているか、お互いにそれに応えようとしているか、ということが問題です。現在では、むしろ、そこで働き、成長し、働きがいのあるはずの集団が、逆に私たちを無力にし、積極性を奪っている。そして個人も、その集団の中で甘えてしまって冒険もせず、プラスの影響を周りに与えることもなく、ただ、受け身で労働時間を提供しているだけになっている。

南　不確実さが増すと、人間は保守的になり、冒険をしなくなってしまいます。

柳平　そうなると、自我を不安定にし確実感を失わせる場となる集団に属している私たち個人の問題と同じに、そうした集団、特に企業などでは、企業自体の損失もかなり多くなると思いますが、そうした悪循環は、どこで断ち切れば良いとお考えですか。

企業は社員の面倒を見切れないと言う。一方、社員は、会社を辞めるかというと、辞めない。なおさら、企業にくっついていく。肉体的にはそうだけれども、精神的にはだんだん離れていく。そうなると、社会不安がだんだん大きくなるのではないかと心配ですね。

南　社会不安と個人不安は重なり合って、相互に強め合うということがありますから、どこかで悪循環が切れないと、実際には大した危険でもないのに、それを極度に恐れ、絶望的な心理状況にまで陥ってしまう。特に日本人の場合は、昔から、天変地異、地震などの影響もあって、歴史的にみても、不安感度がかなり高くなっています。

第一に考えられることは、今こそ、一人ひとりが自分の心の安定に取り組まねばならないという自覚をし、それを実行することです。政治家は政治で、ビジネスマンはビジネスで、みんながいろいろなところで社会を安定させようと努力している。ところが、これらの方法には限界があって、結局、入れ物がどんなに変わっても、中身は変わっていない。社会不安の問題では、社会の不安定ということをいかに解決するか、ということではなくて、社会に住んでいる一人ひとりが安定感を持つようになることが重要なのです。

一人の人が安定感を持つことによって、その人の属している家族とか、会社とか、というように安定感を持っている人たちが広がっていけば、日本の社会全体が少しずつでも変わっていく。

柳平 社会の不安定は、どうしても個人のパーソナリティに影響してきますね。

南 だから、各自が独立自尊の精神を養って「自己」をしっかり確立しておかなければならない。

柳平 独立自尊の精神が新しいパーソナリティを確立し、よりよく生きる人間像を創造するというわけですね。

対自・対他競争心

南 パーソナリティという言葉には、人間が生きていく上に必要ないろいろなテクニックのレパートリーである、あるいは人間が持っている欲求を満たすためのテクニックのレパートリーだという考えがあります。

ＡＩＡプログラムでいう心構えというのは、そういうレパートリーを状況に応じてどう使うかということです。つまり「方向付け」ということです。ある状況にはこういうテクニックを動員しなければいけないという思考の方向付けです。能力があっても、その能力の方向付け、つまり心構えがしっかり身についていないと、どんなときにどんな能力を動員するかということがはっきり決まらず、結局、宝の持ち腐れということになります。心構えの啓育をしないで、他のいかなる教育をしても無駄という結論は、この辺にあるのです。

独立自尊の話が出ました。よりよく生きてゆくための心構えを確立するということは、それがすなわち独立自尊のパーソナリティづくりにつながる。独立自尊の真の意味は自分を大事にするということ、そして自分を大事にするということは、他の人の自我をも尊重しなければいけないということです。自尊は同時に他尊につながっていくのです。

今の人々には本当の意味での自分を大事にする人が少なくなった。つまり「他人との表面的な競争心ばかりが強くなってしまう」か、「まったくやる気をなくして無気力に惰性で毎日を過ごすか」のどちらかに偏ってしまっている。「対他競争心」ばかりが出てきて「対自競争心」がちっとも育っていないということになる。

これでは本当の意味でのやる気が出てこない。独立自尊ではなく、単に人を蹴落とすとか、出世欲みたいなものになってしまうわけです。真のやる気には「対自競争心」が必要です。自分が自分自身と闘う競争心が起こらなければいけない。あなた方の間で自己啓発と言われているのは、そういう問題だと思うのです。私が「自己発見」と言っているのもそのことです。

対他競争心の方が強くならざるを得ない社会だということはわかりますが、常に他人を意識していたのでは、人間的成長がとか自己発見は出来ません。必要なのは、対自、自分に対する競争心の確立です。「昨日の自分よりは今日の自分」「明日の自分は今日よりも」というように、自分に対する挑戦がないといけない。

まさに心のアドベンチャー（心構えの変革）が必要ということになります。人間関係についても同じことが言えます。対自関係がしっかり出来上がっていれば、対人関係は自ずとうまくゆくはずです。パーソナリティの変革ということを一口で言えば、対自関係をよくすることと言えます。

柳平　子供の啓育にも同じことが言えますね。親が子供よりも劣等な人と比較して優越感を感じさせてしまうこともいけないが、子供より能力のある人と比べることによって逆に劣等感を感じさせてしまうのも、余計いけない。

南　常に基準が他人にあって、外にばかり向いているから、だんだん自分がわからなくなる。だから私の言う「自我不確実感」は「対他競争心」ばかりが強いということになるんです。

柳平　「対自競争心」「対自関係」というように、「対自」が非常に大切だということですが、心構えの変革を考える場合にも、心構えを中心に考えなければならないということになりますか？

ある出来事を凶兆として受け取るか、吉兆として受け取るか、失敗して消極的になるか、それともそれを契機として立ち上がれるかどうか、というような差は、すべてこの心構えの確立いかんにかかってくるというわけですか。

南　そうです。ＡＩＡプログラムの中にもありましたが、「長所と短所を書き出しなさい」というと、短所の方を描く人がたくさんいるが、長所を書ける人は案外少ないという例。日本人は、長所とは自惚れだという誤解があります。対他的だから人に対しては謙遜でありたい、とかいって、自己反省自体を常に自分の中のマイナス面を考えることと思っています。反省とは、自信を持つための反省でなければならないんです。

アドベンチャーズ・イン・アティトゥーズというのは非常に良いことで、人間形成に非常に大事だと思います。ゲーテが「失敗しないという人は何もしない人だ」と言っていますが、私はそれ以上に、失敗ということは、その人の心構えによって決まることであると思います。

問題解決と心構えの関係

柳平　企業のトップや研修担当者が悩んでいることの一つに「組織開発」とか、そのための「問題解決能力」というのがありますが、心構えと問題解決能力の関係については、どのようにお考えですか。

南　「組織開発」「問題解決能力」と盛んに言われますが、解決というのは最終的には個々の問題についてであって、その手前のところ、つまり生きる意味を問うというような心構えができていないとうまくいきません。

働く人にすれば、生きがいと働きがいとがある。働きがい、つまり仕事でやる気が起これば、それが生きがいにつながる。つまり働きがいを先にして、そこから生きがいの方へ広げていくというやり方が一つあります。

もう一つは、人生一般について生きがいを感じることがないと、働きがいも出てこない。ここで生きがいを先にするか、働きがいを先にするかが問題になります。働きがいが土台になっている場合は、職場の状況、つまりその企業がうまくいかないと、その土台の上に積み重なった生きがいの方も危なくなります。生きがいという土台がしっかりあれば、たとえ自分が今の職場から他へ移っても、全く職業を変えることがあっても、働きがいは自ずと出てくるのではないかと思います。

今のような世の中では、やる気の前に何より生きがいがなければダメ。生きていこう、しかもよりよく生きていこうという構えがないと、やる気も出てこない。そういう意味でAIAプログラムを見ると、「幸せとは何か」「人生の目的は」・・・ということを土台にして生涯設計を立てられるようになっている。やはり、そういうところから出発しないといけない。

ここの問題解決能力ということばかりになると、技術主義になってしまいます。それはそれで必要ですが、それ以前に生きる技術を身につけることだと思います。

柳平　そうした心構えが身につけば「会社にとって自分は何か」ではなく、「自分にとって会社は何か」という発想が出てくるわけですね。

南　本田技研の本田宗一郎さんが「今の若い者は会社のためだなんて入って来やしない。それもかまわない。ただ自分のためと会社のためが一致してくれればいいんで、自分本位でもちっともかまわない」と言っています。それは一つの見方です。自分にとって、自分の所属する集団は何かという問いから出発した方が、自己を失わなくてすむ。企業の経営者、管理職の人がこれから工夫しなければならない問題点です。

サンドイッチ病

柳平　ＡＩＡでは派遣されてコースに出た人で「これはよい。ぜひ自分の女房や子供にも受けさせたい」と言う人が多く、主婦・学生の一般コースへの参加が多くなってきています。職場と家庭は、私たち誰もが所属している集団の最上位にあげられるものですが、アンケート結果を見ると、人間関係の領域、しかも夫婦間の悩みというのが一番大きいウエイトを占めています。こういう結果を見ると、「会社での人間関係が一番の悩み」と簡単に考えてきたものの、夫婦間の問題も社会不安の要因として決して見逃せないと思うんです。

南　ある病院の神経科の先生から聞きました。サンドイッチ病というのがあって、これは中間管理職のように上と下に挟まれている立場の人に多いそうです。しかし、サンドイッチは職場だけではない。職場と家庭の間のサンドイッチもある。奥さんや子供から「お父さん、サラリーいくら・・・」とか「まだ昇進しないの」とか無神経な質問を浴びせられる。家庭の中でも、子供と妻の間に挟まれて教育方針の決定に悩み、お姑さんと妻の意見が違えば、またそこでサンドイッチになる。

人によっては「精神障害は家庭生活の産物だ」と言う人もいるくらい、家庭は私たちにとって大きな要素になる。従来は、家庭集団には精神安定剤の役割がありました。ところが今は違う。うちから外に出るとホッとする人さえいる。家庭裁判所の離婚申立てを見ると、男性からの申立てが増えている。妻の暴力に耐えられないという人もいる。

人間はいろんな集団に属さなければなりません。職場、家庭、社交集団、学校と、一人で5～6つの集団があります。その中で人間一人ひとりについていえば、各々の適応集団と不適応集団がある。家庭は不適応集団で仲間は適応集団という具合に。ただ、その人全体から見て、適応集団の方が不適応集団よりも上回っている場合には比較的安定しているわけです。

柳平　ヤクザ、暴走族、非行少年などの集団にいる少年たちの家庭は問題の家庭ですね。

南　まず問題なしに家庭の問題です。子供の自殺もそうです。家族の中で不適応なんですね。問題児には問題の親、これがまず普通です。問題なのは子供の暴力です。彼らは母親に対して非常に愛情を持っています。意識の上に出てこない無意識です。心理学でいう母子分離ができていない家庭の場合に多い。つまり小さい時から母親がべったりと子供の側についていて、彼らは母親に言われる通り、素直で良い子に育てられてきたのに、中学校、高校になると、入学試験で、急に母親から「勉強しなさい、勉強しなさい」と言われて突き放される。子供にとっては、母親の自分への裏切りとしか映らない。それで母親に暴力を振るう。家庭内暴力の対象は必ず母親です。これからますます家庭生活を通じて生きがいが大切になるわけです。

柳平　ある心理学者は、自殺やノイローゼ、その他多くの心の病の発生要因のうち、環境の点についてみると、その８割が家庭の問題に関連している、しかもそのうち最も多いのが夫婦間の問題だと言っています。

南　これは独立自尊と関係があります。日本では家庭が閉鎖集団であるため、その中に逃げ込むとホッとするということがある代わりに、母子分離ができないという欠点があります。本来家庭は外に向かってオープンであって、社会とつながっているべきです。アメリカでは、子供をできるだけ早く社会へ送り出そうとします。各人が自分で責任を持ち、たとえ夫婦の間でも、お互いに甘え、寄りかかるということがない。一家心中は、家族という典型的閉鎖集団の中で起きることで、日本特有のものです。

日本人には、社会学でいう「運命共生体」という観念が強い。家族一人ひとりが独立していないから、かえってがんじがらめになっている。それが負担で実際に行為の上ではしていないが、精神的には離れている。精神的別居とか精神的蒸発という人が非常に多い。

柳平　企業もそうです。社員一人ひとりに甘えがある。一面では将来に対する厳しい自覚が足りない。

南　アメリカではhire is fireといって「雇ったものはクビということがある」という考えが経営者自身にも従業員にも徹底している。だから、逆に不確実感がない。クビにするときも、重役が「明日から我々は友達だ」と握手しながら言う。すると言われた方もしょげたりしないで「もっといいところへ行くよ」とか言ってさらりと辞めていく。

柳平　なるほど『不確実性の時代』という本は、むしろ日本で売れて、アメリカではそれほど売れない本かもしれませんね。

南　こうした時代では、企業人、家庭人、そして社会という集団の一員として、各自が自分のよりよく生きるための目的、目標を考え、進んで冒険をすること。今こそ一人ひとりが心構えの見直しに取り組む必要があると思います。

　不確実性の時代は、不確実であるということをしっかり自覚する時代です。そうすることが不確実感を持たないということでもあるわけです。生き残れる企業の競争力は、その点で差が出てくるのではないでしょうか。まず社員の中に積極的に長続きするやる気を持った、かつ、チャレンジ精神と志のある人がどれだけいるかということと、第二に、自己の潜在能力を出し惜しみせずに引き出せるという点に絞られることになるのでしょう。

第3談

独創的人財を育てる

VS評論家　山本七平

※本対談は雑誌「THE21」１９９０年9月号に掲載されたものを発言を趣旨を損なわない範囲で編集したものです。（文責：ぱるす出版）

自己を律することが大事

柳平　多くの人財を輩出した幕末はどういう時代だったのでしょうか。

山本　（幕末は）修養、つまりセルフ・コントロールがまず第一に必要なことでした。これは儒教的教育の基本です。喜怒哀楽を顔に出してはいけないとされていました。

柳平　現代においても、組織マネジメントだけでは組織を活性化できません。小集団マネジメントが必要になり、さらにはセルフ・マネジメントが重視されています。状況の変化が激しいために、自分自身をしっかりコントロールできないと、エネルギーが分散して、パワーが出ません。当時もそういう能力が要求されたのですね。

山本　そうです。それができないと非常に軽蔑されたほどです。

柳平　そういうことはいつの時代にも必要とされることなのでしょうね。と同時に、これからの時代はモデルがないわけですから、人財育成では自分でものを考える人間の養成が特に必要になりますね。ところが、今の日本の教育で一番欠けているのが、自分で考えるという教育ではないでしょうか。

山本　それには物事を合理的に考えるということが重要ですね。この合理的考え方が基礎にあって独創性も生まれるのです。加賀藩に面白い話があります。加賀藩は日本一の大藩なのですが、1世紀もの間、赤字が続いていた。どうしても方法がなくて本多利明の弟子の上田作之丞がやっている塾の子弟たちを登用しました。彼らは藩の経営を全て数字で見ていった。不合理なものはいつか破綻すると強く主張して切り捨て、わずか1年で黒字にしてしまった。こういうタイプの人たちが独創的なことをやりますね。

横井小楠が幕末に書いた『国是三論』の中で「天とは経済である」といっている。儒教の教えでは「天」が絶対です。経済とは結びつかない。それを経済であるというのは、実に独創的な発想です。こういう発想をした人間は儒教圏を探しても一人もいないでしょう。

独創的な発想をする人間の特徴は、従来まったく関係ないと見られていた2つの概念を結びつけて、そこに新しい世界を見つけることにあるのですね。

武家も企業家精神を持っていないと、藩の経営ができなかった。小藩ほどその精神に長けていないとやっていけないと小楠は言っている。

戦国時代は戦争のために領国内で自給自足をしていた。つまり国が経済単位だった。しかし、徳川時代になると、越後のコメを大阪で食べられるようになる。次第に藩同士で分業体制ができて、日本全体が一つの市場のようになり企業国家のようになっていくわけです。その点は舞台を日本から世界に移せば現代もまったく変わらない。

先入観を捨て合理的に物事を見る

柳平　私は教区には2つのタイプがあると思っています。教えてもらって覚えこむラーニング・アバウト、学んだことを自分なりに理解し、新しい意味を見つけ出すラーニング・フロム。これまでに日本の教育はラーニング・アバウトに偏っていて、考える力が育たなかった。山本先生はラーニング・フロムについてどうお考えですか。

山本　色々な先入観を取り除くことではないかと思います。日本人は中国史から多くのことを学びました。その学び方が独創的だった人に海保青陵がいます。宋の時代の王安石の改革は失敗したので中国では評価されていませんでしたが、海保青陵は逆にそれから学ぶべきだと考えたのです。

彼は先入観を捨てて現象をそのまま見ればいいのだと言っている。つまり「粘りたる、ひっつきたる心」を捨てよということです。合理的にものを見るということです。

柳平　私は縄文人に学び縄文パワーを身につけようと言っています。弥生時代は農耕生活が始まって、定住していく安定志向の時代ですが、縄文時代は不安定な狩猟採集生活で、いつ何どき飢えるかわからない。自分でものを考え、判断し、積極的な心構えがなければ生きていくことができなかった。縄文時代のバイタリティと想像力を取り戻すべきだと思います。山本先生が「これからどうなるかではなく、これからどうするかを考えるべき」とおっしゃっているのはまさに縄文式発想だと思います。

ホットなやる気、クールなやる気

柳平 企業に対する忠誠心が低下していることは、組織全体のエネルギーを分散を招き、ひいては日本経済がパワーダウンすることにつながります。だからと言って組織に対する忠誠心が必要以上に高まるのも困ります。企業が閉鎖的になり自社の利益だけを追求することになれば、これは企業の存続、長期的利益の確保の観点から見ればマイナスになります。

山本 横井小楠《しょうなん》が日本は枡を並べたような国だと言っています。日本人は自分お枡以外のことはあまり考えたがらない。小楠のいう「高見性」の欠如です。枡の中だけの話ならば小さいところが一所懸命にやって発展するという面もありますが、他の企業や日本全体、世界全体のことは考えないということになりかねません。

柳平 幕藩時代から明治に移る時のリーダーたちは藩意識を乗り越えました。

山本 日本一の貧乏藩だった福井藩の財政を立て直し、明治政府の財政も担当した由利公正がいい例です。彼は小藩の財政改革の成功を日本という国全体で応用しようとしました。

柳平 先生は人材を育てることをどうお考えですか。

山本　いつまでも現状にとどまっていてはダメです。ある国が成功すると、そのシステムは他の国が一生懸命に学んでいるはずです。アメリカはイギリスに学び、日本はアメリカに学んだ。日本もいずれどこかの国に追いつかれるに違いない。しかし、さしあたりの問題は、日本に新しいノウハウを開発するエネルギーがあるということでしょう。

柳平　問題はやる気ですね。かつての模倣的、突進的、集団的やる気ではなくて、探究的、持続的、個性的なやる気がこれからの企業活動を推進していくことになると思います。私は前者をホットなやる気、後者をクールなやる気と呼んでいます。企業への忠誠心というモーレツ主義は、実は企業おぶさり型であることが多い。これに対して、クールなやる気のベースにあるのは個人です。

自分の力や潜在能力をいかに生かしてい区か、そしてプラスの影響をどれだけ周囲に与えていけるかという点に「生きがい」を覚えるような人材を企業が早く育成していかないと日本は行き詰まってきます。

山本　日本は昔から人財をスカウトしている例が意外に多いのですから、自分のところで育てるのが難しくなったら日本中を駆け回ってスカウトしてくるのも、一つの手ですね。由利公正がいた福井藩は貧乏から脱するために熊本から横井小楠をスカウトしています。

柳平　これからは多能化の時代です。個人として一つの能力だけではなく、いろいろな能力を持つ必要があります。

山本　そういうことからもこれからはスカウトの時代がやってきます。

お茶の世界は精神の解放をもたらしている

柳平　いろいろな国の人と付き合っていくには、互いの違いではなくて共通点を積極的に見つけ出していく態度が必要です。

山本　どの民族でも共通するのは経済です。もっと簡単にいうと商品です。同じ価値観を持っていないと商品に同じ値段をつけられない。一つの商品に対する価値観は意外なほど共通性があります。だから経済が先に国際化が進むのです。日本はうまくいっていると思いますが、本当に独創的な商品がない。つまり今の商品はアメリカン・ウェイ・オブ・ライフの延長線上にあるものばかりです。アメリカはいろいろ言われているけれども生活文化に置ける人類共通の価値観を創り出したという点はすごいと思います。この独創性を日本人が持ちうるのかどうかが課題です。

柳平　共通性の発見は、異質なものとの体験を経なければならない。抽象化能力、考える力がなくてはなりません。

山本　違いをいうのは簡単なんです。共通する価値観を見つければそれに則った商品を作ることもできます。

柳平　合理性というと、とかく物質面、経済面に目がいくのですが、精神の合理性に着目する必要があります。

山本　精神の合理性はある意味で精神の解放とも言えます。イスラエルである比較宗教学の権威を話をしたことがあります。ユダヤ教では生活の全てが律法によってがんじがらめになっているように、我々には見える。もっと自由にしたらいいじゃないかと言ったのです。ところが彼はこう言うのです。

「日本には茶の湯があるじゃないか。お茶を飲むのに何もあんな儀式ばったことはいらないはずだけれども、あの型の中に入ってしまうと何も考えなくてよくなる。つまり精神の解放になっているのだ」と。

一見煩雑に見えることが、逆に精神の解放をもたらすわけですね。そしてその精神の解放こそが独創性を生むのだといっていい。

柳平　不合理に見えて本当は合理性を持つものに対する感受性を、もし日本人が単に経済的合理性だけを追求していく中で失っていくとしたら日本は危ないです。

第4談

「元気」を取り戻すには「言氣」が必要

（株）企業美学センター社長　宅間克

※この論文は「新国策」1999年9月1日号に掲載されたものから抜粋しました。
宅間氏は残念ながら2018年に逝去されました。

根本の問題

20世紀末になって日本社会は急速に元気が衰えた。長引いた不況ばかりではない。政治、行政、産業、経済、企業、団体、学術、教育、多くの分野の組織体が自己存立の基盤を元も子から揺るがすような問題を抱えている。

20世紀末の日本はモグラ叩きの対症療法では二進も三進もいかない状態になっている。根本を診なければ表面を直せない問題の対処に困っている。これまでにない自信喪失感が日本人全体に広がっている。

西洋人が私たち日本人に向けて、日本の人々や社会について解説し、日本文化の本質まで徹底的に批判したような本がベストセラーになった（K・Vウォルフレン『人類を幸福にしない日本というシステム』）。それは多くの日本人が自分を見失って、自分のことを他人に聞いて知ろうとしていることを意味している。日本人が書いた『日本人をやめる方法』という本も出て、けっこう売れているそうだ（杉本良夫著、筑摩書房）。それは日本人が自分が嫌になって自分自身から逃れようとしていることに他ならない。

日本社会は未曾有のレゾンデートルの危機に見舞われている。日本人は有史以来のアイデンティティの危機に見舞われている。そこには、良かれ悪しかれ、西洋文化が事実上のグローバル・スタンダードになっている近代以降の世界において、西洋とは全く別の育ち方をしてきた独自の文化を持つ日本が「あたかも欧米人」で生きていく限界点に到達した姿がある。

日本がこの先に独自な生き方を求めるなら、近代以降の「あたかも欧米人」を卒業して「真性の日本人」をグローバル時代に取り戻さなければなるまい。等身大の自分の本質を見極め、西洋文化の本質との連関を試み、等身大の社会を構築し直し、もってグローバルに理解を求め21世紀での自分の身の置き所を確保しなければならなくなった。

映像社会の氾濫

今の日本は人も社会も根本的な壁に突き当たっている。根本的な問題が身近な現象に表れた問題を抱えている。根本を診るべき段階に至っている。

しかし、現実の世相には根本を診るべき文化的インフラがない。逆に、根本の視座から遠ざけ、現象に近視にズームさせるようなインフラがはびこっている。映像情報の氾濫である。映像情報の氾濫が根本的な問題を引き起こしたと言ってもいい。日本経済の元気衰弱の真因こそ、漫画やアニメを含む映像情報の過多である。

言語論理を極力避けて、手っ取り早くわかった風な感覚に浸れる映像情報は、言語機能を麻痺させる。映像とは、現象として表されるフィジカル（形而下の）表象である。映像情報は現象的な全姿を直観するには優れたメディアだが、根本の道理を直観し、心象的な考察を表すにはいたって不向きなメディアである。

対して、言語は人間の思考の表象である。言語情報は、物事の現象を全姿で捉えるには早くはないが、根本的な道理や普遍的な因子を直観し、思考を深めるヒューマンポテンシャルである。集合や抽象を伴ったメタフィジカル（形而上）の表象には欠かせないメディアである。

言語機能と映像機能は、人間の知的機能の双璧である。両者がバランスして初めて人間の知的能力はダイナミズムを発揮する。もしもそのバランスが崩れるなら、人の知力は衰弱し、思考と行動の気概に重大な阻喪をきたすだろう。

逆に、もしも映像情報に傾斜し、言語情報を忌避するならば、人は現象に敏にして根本に鈍となり、結果的に根本的な問題に苦しむだろう。形而下に長けて形而上に阻喪をきたすだろう。

今まさに日本は、多くの分野の組織体において、根本的な問題の壁に突き当たっている。それは何を意味しているか。映像情報に傾斜し、言語論理を極力避けて、知力のバランス・ダイナミズムを欠いたことを意味している。

日本には「わかりやすいが最高」という判断がはびこっている。面倒くさい言語論理を誹《そし》り、わかった風な感覚に浸れる映像情報を讃える意見に満ちている。言語情報は映像情報のしもべになっている。真理を表す多くの言語論理が難しいがゆえに軽蔑の対象にされている。正しいことよりもわかりやすいことが尊ばれている。少数の人がわかる正しいことよりも、多数の人がわかる間違ったことのほうが正しいことになっている。

言語論理の衰弱と元氣衰弱

かつて文部省が、子供達の読者離れについて識者に諮問したことがある。その識者の中には、漫画やアニメの大家が加わっていた。そして、彼らの回答は「漫画やアニメが子供達の読書離れを招いたが、今の子供達にとって、漫画やアニメは欠かせないから、今度は漫画やアニメの読者離れを直す」というものだった。

結果を招いた原因を、そのまま結果を直す要因に仕立てる論理矛盾である。コンテキストが狂っている。これは今の日本社会に２つの重大な知的粗相があることを示している。

一つは言語論理の衰弱が識者と言われる人々にまで押し寄せていることだ。もう一つは言語機能を麻痺させる映像情報の麻薬性を放置していることである。

以前、新聞に「ニッポンをほめよう」という見開き広告が出たことがある。数十社の日本の大企業の連合広告である。そのメインコピーに曰く、

「反省は、たしかにしたほうがいい。悪いところがあれば、ただちに直そう。けれど、最近、思

います。この国は、必要以上に、自信をなくしてしまっているんじゃないかって。ちょっと前までは『ジャパン・アズ・ナンバーワン』なんてチヤホヤされて舞い上がってたくせに、少しばかりつまづいたら、すぐにシュン。極端すぎや、しないかな。ここらで一つ、エイヤッと流れを変えてみようじゃないか。不景気の中だって、新しいアイデアいで突破口をつくろうとしている人がいる。まず、彼らをほめよう。『オリジナリティがない』と言われてきたこの国だけど、たとえば日本発のアニメ、ゲーム、映画を見よ。そのクリエイティブ、なかなかやるもんだ……」

この広告文句を読んで軽薄さを感じる人は多いだろう。「少しばかりのつまづき」ではないからだ。バブル経済という最高の日光を追い求めた挙句の果てに、国家予算に倍する処置不能の不良債権を抱えているという最悪の結果をまねいた。

銀行の機能が停止して中小企業はもとより、大企業さえもが倒産する。それどころか、寄らば大樹の陰のはずだった銀行さえもが、倒産して自殺者も出た。残った大企業も、こぞってリストラという人員整理の競争をする。失業率が最悪になる中で景気を回復しなければならない自家撞着、企業の業績が先か雇用の安定が先か。「少しばかりのつまづき」ではない。

普通に正常な判断力のある人なら、漫画やアニメや映画をほめたからといって、今の日本の世相が「ここらでひとつエイヤッと流れを変える」ことにならないことは分別するだろう。本当の自信は他人にほめられて湧き出るものだ。

自分で自分をほめても心底の自信にはつながらない。それどころか、希薄な根拠で自分をほめるのを我田引水とか自己満足というのだ。それは最も醜い人の性である。自信のある人ほど自分に対して厳しいものだ。他人にほめられてさえも、自己批判を忘れない人こそ、他人に対する自分のスタンスが確保できる。それが自信というものだ。

この広告文句は中身の軽薄な言葉の集合である。コンセプトやコンテキストを吟味する知的機能に阻喪をきたしている。言語論理が衰弱してクリテリオン（批判基準）が溶解している。

結果として判断力が衰えて事実に対して盲目になっている。事実に目を覆うプラス思考（指向？）は無思慮の盲信になりやすい。負の部分に想いを馳せてこそ深みがわかるものである。

問題は、この広告が数十社という大企業の連合広告だということだ。言語論理の衰弱が「寄らば大樹」の大企業にまで蔓延している。今の世相の問題は「元気のない事態そのもの」にはない。問題は「元気のないのに気づいていても、元気の出し方いろいろ出ても、それでも元気になれない現実」の方である。

儲けに元気を出したバブルの果てに、はまった大穴埋めに元気出す。付き合いきれない堂々巡り。体に悪い元気。「元気を出そう！」と叫べや、叫べ、回復策の議論を重ね、挙句の果ての小手先が、逆に元気のなさの度を、深めてしまう最悪循環。元気になろうと元気をなくす。それでは元気の不良債権である。今の世相の問題の特徴と人間の知のダイナミズムの原理、それに人の道という3つのクリテリオンをもつならば、これからの私たちが何を志すべきかが自ずと湧出されるであろう。

言霊教とロゴス族

日本人の言語機能の様態やその変遷を観察することは日本人を根本的に探り直すことを意味している。それ自体が日本人のアイデンティティを捉え直す試みの一つになる。根本的な現実問題を抱えた今の日本を診る上で欠かすことのできない「急がば回れ」の近道である。

西洋での第一千年紀は、後の西洋を形成するキリスト教ローマ一色だった。キリスト教がローマ国教になったのは392年のことである。その頃、後の日本を形成する古代ヤマト政権が成立している。好太王の碑文に391年にはヤマト政権が朝鮮に出兵したとある。

古代の西洋と日本とには、ほとんど何の歴史的連関もないが、日本の形成の胎動と西洋の形成の胎動が奇しくも歴史的な時を同じくしていたことは、日本人の立場からグローバル時代の世界観の変容を観察し、西洋と日本の連関を観る上で、特筆すべき事実である。

三次元の存在では、ほとんど隔絶された東の果てと西の果ても「クロノス（時）」という次元を加えて観察すれば、にわかに同胞となる。まさにキリスト教ローマと古代ヤマトは「時の兄弟」である。その古代ヤマトの記録の一つである万葉集には「ヤマトは言霊が幸きあうところだ」と記してある。キリスト教の記録であるヨハネ伝には「初めにロゴスありき」（ラテン語での場合）とある。

この「ロゴス（LOGOS）」は一般には「言葉」という意味で使われ、聖書の英語訳などでも「初めに言葉ありき（In the beginning was the Word）」となっている。word（英語）やWort（ドイツ語）は「言葉」を表すゲルマン語である。Logos と Word は全く別の育ち方をした言語であり、当たらずといえども遠からずの同義語である。

しかしロゴスは、例えば monologue（独り言）、catalogue（カタログ、目録）などというように、言葉に関わる意味として今の英語にも伝わっている。logic（論理）も logos に由来し、-logy を語尾につけた tecnology（テクノロジー、科学技術）、sociology（社会学）などの英語はたくさんある。

この場合の「ロゴス」はすでに、単に言葉を意味しているのではなく、言葉の中身のあり方を指している。もちろん、聖書の記述も定冠詞の the がついたり Word と大文字の単語になっているので、単なる言葉全般を表しているわけではない。神とともにあった特殊な言葉であるということを表している。それを日本語で「初めに言葉ありき」とするのは、ラテン語を英語にする以上に遠からずといえども当たっていない。

キリスト教が育っていく過程で影響を受けたストア学派のギリシャ哲学では、すでに logos は単に言葉全般を意味するだけでなく、言葉から湧き出てくる深遠な真理という意味に使われていた。そして西洋哲学や神学のコモンセンスでは、キリスト教の基本原理である「三位一体」の第二位相はまさに「ロゴス」であるとなっている。キリストとロゴスは同位相である。

古代ヤマトの関連史実とギリシャ哲学からキリスト教に至る史実を検証すると、この「言霊」と「ロゴス」は同じ対象を表している。特に「ロゴス　エンディアナトス（暗黙知）」と「ロゴ

ス　プロフォリコス（明言知）」との関係は「言霊」と「言の葉」の関係に符号する。もちろん、「言霊」と「ロゴス」とがすっかり同じだと言っているのではない。両者には内容の捉え方にも、その後の育ち方にも相違はあるが、精神のベクトルが指し示す対象としては同じだと言っているのである。

かくして、古代ヤマト人は「言霊族」であり、古代ローマのキリスト人は「ロゴス族」である。両者は同じ精神のベクトル、つまり共通の志を持っていた。まさにキリスト教ローマと古代ヤマトは「精神の兄弟」である。後の西洋を形成するキリスト教ローマと後の日本を形成する古代ヤマトが時と精神を同じくしていたことは、偶然の一致として済ますには、あまりに深長な意味を持ちすぎている。

少なくとも東の果てと西の果てとの連関を大局的眺望し、もって西洋文化がグローバルな領域でデファクト・スタンダードになっているこれからの世界での私たちアイデンティティを考え直し、そのあり方を予見するには不可欠のテーマである。

言霊の幸《さき》はふ国

万葉集に次の2首がある。柿本人麿と山上憶良の歌である。遣唐使を励ますために捧げられた歌である。

しきしまの　倭の国は　言霊の　助くる国ぞ　ま幸《さき》くありこそ

倭の国は　すめかみの厳《いつく》しき国　言霊の幸はふ国と　語り継ぎ　言ひ継げひけり

当時のヤマトは、遣唐使による中国大陸との交流に力を入れていた。中国への渡航は命がけの冒険だった。それでも次から次へと遣唐使が立った。大きな不安を胸に秘め、敢然として渡航に命をかけた。この万葉二首は、命がけの遣唐使を励まし、元気づけるために、その万感の想いを託した歌である。注目すべきことは、彼らが何を根拠に、命がけの遣唐使を励まし、元気づけたかということだ。

２人の万葉歌人は、共通して、元気を出すための根拠を「言霊」に置いている。「言霊の力に助けられ、幸いがもたらされる」。それが、命がけの人を励まし、元気づける根拠になっている。「言葉から湧き出る霊妙な力に助けられ、元気づけられ、幸いがもたらされる」ということを心の拠り所にして、自分達の国を「言霊の幸あう国」と自負していた人々、「言霊」という元気の素をもった人々、それが古代ヤマトの言霊族だった。

古代ヤマトの人々は「言霊が幸き合う」と言い、「言葉が幸き合う」とは言わなかった。「言霊」とは言葉から湧き出る霊力、人の手の及ばぬ不思議な力のこと。言葉から湧き出る「気力」、つまり「元気」のことである。

全ての言葉に言氣があるわけではない。ウワ言、タワ言もある。言霊の壮んな言葉もあれば、言霊が萎えた言葉もある。声高に語気を強めても、言氣がなければ元気は出ない。

表面的な言葉は、人間の都合のために、「市民」「民主主義」「哲学」「教育」などの意味とは遠からずといえども当たっていない。

例えば、ヒューマニティはローマ後のフマニタス humanitas の伝承語である。フマニタスはローマ市民の条件だった。それさえ満たせば、顔や形や顔色、言語文化の異なる人々もローマ市民権を得られた。ローマがあのような広大な版図を築きあげられたのは、フマニタスと市民権の構図を発明したことによる。ヒューマンは人間というより「同胞」や「仲間」という意味に近い。日本人がいう人間の意味はアンソロポスというギリシャ語系の言葉に近い。彼らは今でも同胞愛のヒューマニティと人間愛のフィランソロピーを区別している。

のちの西洋人はディヴィニティ（神性）が極限に達した中世の暗黒時代から、ローマのフマニタスを復活することで脱出しようとした。ルネサンスである。ヒューマニティという言葉には、神と人間の関係における相克と融合の精神的な葛藤が隠されている。古代ローマのフマニタスの延長線上に「近代市民」があるが、その市民革命に至るに当たっても、西洋には壮絶な歴史の経緯があった。

もし西洋の壮絶な歴史と精神の葛藤に尊敬と同情を持って理解しようとするなら、私たちはヒューマニティという言葉に託された以上のような西洋の言霊を汲み取らなければならない。なぜなら、善し悪しはともかく、近代市民は、近代以降に生きていく人々の事実上のグローバル・スタンダードになっているからだ。

近代以降の日本人もまた、少なくとも国際的には、そこに身を置いて生きるべく位置付けられているからだ。しかし、多くの日本人は、その西洋の言霊には斟酌していない。「ヒューマン＝人間」と「ヒューマニティ＝人間性」と、西洋語をそれが指し示す対象の範囲の意味に置き換えている。西洋の言霊を進取するのではなく、西洋語の意味を日本語訳を頼りに探っている。

それと同じようなことが「社会」や「ソサイアティ」との間にもある。「個人」と「インディヴィデュアル」との間にもある。「自由」と「フリーダム」や「リバティ」との間にも、「フィロソフィ」と「哲学」の間にも「エデュケーション」と「教育」の間にもある。

そういう近代日本の言語感覚は、その昔の言霊族の言語感覚とは逆さまである。今の日本人は、日本語という言葉を中心にした単一言語の「モノグロット」である。古代ヤマト人は言霊を中心にしたポリグロットである。言霊ではなく、国語を自分たちのレゾンデートル、つまり自身の存在根拠としている。

言霊族ポリグロットの知筋

古代ヤマトの言語は独自の言語とは言い得ない混淆《こう》言語だった。そこから原始日本語が生まれた。国語化するのは平安末期である。それを基盤にして鎌倉時代にかけて国風文化が花開くことになる。この国風文化は日本の独自文化の成立という側面から判断すると華々しい成果に映るが、異文化混淆のヤマト的特性という側面ではむしろ後退を意味している。

実際にこの期間には異文化進取の気概も対象もなかった。言霊族ポリグロットは少しずつ交代し、国風モノグロットが台頭するようになった。それとともに、「言霊の想い」は古代人の想いとは逆に日本語の霊力のように観念されていった。

次の新しい異文化である西洋文化が16世紀に到来した時には、言霊族ポリグロットの知筋はかなり交代していた。それでも織田信長のような言霊族ポリグロットも残っていて、西洋の文物を抵抗感も盲従感もなく進取した。彼は地動説を理解し、キリシタンの教会やセミナリオを建設したが、西洋流に染まるのではなく、自分の内部に取り込んで活かした。

人の行動の裏には必ず何がしかの考えがあるという観点で信長の行動を史実に基づいて見ていくと、カントの判断力批判やヘーゲルの弁証法が浮上する。桶狭間の行動も、奇怪な選択としか言いようのない上洛後の行動もカントやヘーゲルの思考法で解釈すると、論理的に説明できる。信長はカントやヘーゲルよりも2世紀も前に同じような思考法を身につけていたことになる。

信長は典型的な言霊族ポリグロットの末裔である。しかし、信長の言動は、すでに多くの国風モノグロットには理解しにくい不気味なものに映った。そして、とうとう明智光秀という典型的な国風モノグロットに殺されてしまう。

西洋の言霊は、古代ヤマトにおける漢語や仏教語の言霊のようにはならなかった。それどころか、その後の鎖国で、西洋言霊は、新種どころか、規制の対象とされたくらいである。近代日本では、西洋語に湧き出る「言魂」は、日本語で言い換えてもわかる範囲に制限された。当時の言霊族ポリグロットの生き残りだった福澤諭吉は、そうした西洋語の扱いの危険性を『文明論の概略』で必死に訴えた。

最初は容易だけれども、後で取り返しのつかない問題になると警告したが、近代日本を牛耳った国風モノグロットには理解されなかった。両者の言語観の相違は具体的な物事についての思考と行動の気概の違いに現れる。モノグロットは、力で相手を征服して覇権を競うには有効である。彼らは言氣（言霊）をあまり深く追求しないから、相手の思惑を深く斟酌しないで済むからである。正当性の理屈も、自国語のみで構成するから、平気で独断が可能になる。必然的にかなり乱暴に覇権を競えるわけである。

近代日本は、それゆえに世界に台頭し、またそれゆえに世界に無条件降伏した。それが、近代日本のあり方として、成功と言えるのか、失敗になるのか、20世紀の前半が世界的に覇権の時代だったことを考えると、アジアの小国でありながら、少しは世界に台頭したから成功だとも言える。しかし、トドのつまりが無条件降伏に至って、領土が江戸時代に戻ったから、結局は、大失敗に終わったとも言える。

戦後日本になっても、モノグロットが支配する事情は変わっていない。欧米流の民主主義と市場主義を形からモドキで模索した。欧米流の democracy と民主主義と称して導入した。もちろんdemocracyの基盤のdemocratやcivil、humanityなどの言氣もわからぬままに民主主義と市場主義を形から模索した。

したがって、戦後民主主義はいい加減なものになった。戦後市場主義の方も、心通わぬエコノミック・アニマルと皮肉られた。モノグロットのやり方は、人々や社会に物質面や現象面で不足がある場合は有効に作用する。彼らは、一定以上には言氣を掘り下げないから、必然的に判断基準が物質や現象に集中する。物質や現象に限定された目的に対して、かなり乱暴な手段が平気でとれる。表面的なアメリカのマネの分野でも臆面もなく無批判に競うことのできる。

人々や社会に、物質面や現象面がある程度まで充足してくると、必然的に物質面や現象面の相互関係が複雑になり重要になる。それを整理するためには、それらを集合させたり、同類項を抽象したり、捨象したりする情報面の精度が重要になる。ところがモノグロットは言氣の掘り下げが浅いので、必然的に集合や抽象や捨象の言氣に音痴になる。そうなると、モノグロットのやり方は極端に効力が衰える。特にグローバル時代の情報化が進めば進むほど、時代の変化に対応できず、その効力はますます衰弱する

言霊族ポリグロットは今も数少なくなって全国に散っている。多くの人々は、言霊族ポリグロットの潜在能力を心の底に封じ込めて頑なに鍵をかけている。支配者のモノグロットに村八分にされないためだ。彼らはモノグロットではないが、ノンポリグロットになっている。心底の鍵を誰かがこじ開けない限り、ポリグロットの思考に理解を示さない。モノグロットたちは、ポリグ

ロットを無意識に阻害している。同時に彼らは、多くのノン・ポリグロットの心の底を砕きにかかっている。多くのポリグロットたちはまるでウィルスに感染したかのようにモノグロットに変身させられている。

グローバル時代の言霊族

西洋の言霊は、翻訳日本語や代入日本語、カタカナ用語には湧き出にくい。今や「遠からずといえども当たらず」が問題になっている。西洋文化がグローバル領域でデファクト・スタンダードになっているからだ。

もしもそれができないなら、古来からの日本の言霊と西洋の言霊との連関もつけられない。西洋の言霊を「元気の素」にすることもできない。古来からのすばらしい日本の言霊もグローバルに活かしきれない。自分に固有に備わった古来の言霊も自分のために活かせない。それがこうじれば自分の元気の元の子まで失いかねない。今の日本社会に元気衰弱の波が押し寄せている元凶がそこにある。

言霊族が近代に活躍したら、英語やラテン語は言霊ごと、そのまま進取下に違いない。言霊族なら代入語を作って、あげく失敗するような無駄はしなかった。言霊をそのまま進取して、新しい混淆日本語を創り直していたに違いない。東の果て智恵がグローバルに活かされて、日本は自分も元気になり、世界の元気に貢献していたに違いない。

言霊族ポリグロットの末裔が今に残っているとすれば、その人々こそ、これまでの問題点を看破して、世相に新しい窓を開ける可能性を秘めている。地球自然とグローバルに膨らんだ人間社会に貢献すべき新世紀に、自分の居場所を見出していくに違いない。

言氣の衰弱が原因の不都合を見破って裏を書くことができるからである。元気衰弱の世相に対する抗体原を持っているからだ。奇怪な世相を横目に見ながら適当に生きていける人々だ。しかも言霊族ポリグロットは慎重である。多様な言霊のクリテリオン（判断基準）を感知するから、国風モノグロットのように短絡的な判断でガサツな乱暴ができないのだ。「俺たちこそは」の声高は、言霊族ポリグロットの最も嫌う性向である。

しかし、クリテリオンの豊かさこそ、これからの時代の希求である。多彩な時代には多彩な批判基準の物差しで判断制度を高めることが必要になるからだ。欧米では日常の生活や人生、仕事のために必要なクリテリオン啓育が盛んに行われている。

例えばAIAのようにクリティカ（批判）自体を教え込むようなことなしにクリテリオンを醸成するよう工夫された研修方法が実行されている。もしも言霊ポリグロットの復活の上に、そのようなクリテリオン啓育ができれば、日本に「言霊の幸」、いや「言氣の幸」がよみがえり、神武以来の元気が宿ることになるだろう。

今は全国に散らばっている言霊族の末裔が自分の存在の時代的な意味を自覚したならば「私は中庸だから、中庸に対しても中庸だ」と言ったギリシャ神話のアポロのように、「私は慎重だから慎重に対しても慎重だ」と言わねばなるまい。自分に備わった抗体原を社会に役立てるようと、多勢に無勢は承知の上で力を合わせ、ウイルス感染症のような世相の症状を癒すために努力しなければならない。

古代ヤマト人は大和言葉の言霊だけでなく、中国語や仏教語の言霊も求めた。「言霊に助けられ、幸いがもたらされる国」それが彼らのアイデンティティであり、コア・コンピタンスだった。それゆえにこそ、古代ヤマトは自己の存立を強化することができた。中国王朝にあしらわれることもなく、その後の日本の礎を築いていけたのだろう。つまり日本の民族や国が栄えに向かっていた時代には、すべからく言語の気力を出して元気を出していた。今は言語の気力をなくして元気をなくしている。言葉の数は増えたが、増えた言葉が気に入っていない。言霊が萎えている。語気は強いが言氣がない。

種類の違う言葉が行き交うことでは古代ヤマトも現代日本も同じだが、古代ヤマトは「言霊が幸きはふ国」になっている。バベルの塔の話にもあるように、言語機能が廃れた人々は総合力に支障をきたす。創造性が弱まって元気が衰弱していくのである。

言氣がなければ元気が出ない
言氣は元気の素である。
言氣は幸せの素である。

あとがき　啓育基本法の中心に志を

令和の時代に入った日本の再生をはかるために、人づくりの原点に立ち戻って、志を持った人づくりを進めるためにはどうしたら良いかを考えたいと思います。

国は教育基本法に則り、教育改革を進めていますが、私たちが何気なく使っている「教育」という言葉は、明治時代になってから使われるようになった言葉で、education の翻訳語です。

しかし Education とは、元々ラテン語の語源で Ex（Out of 外へ〜）と Ducere（lead して引き出す）の合成語で、人の持っている潜在的な力、Human Potential を引き出すという意味なのです。人づくりの基本的な概念には、こうした発想が原点にあるべきではないでしょうか。「教育」とは、本来 Teaching の訳で、「教え育む」ことなのです。Education を「教育」と訳してしまっては、その言葉の本来の意味を取り違えてしまうことになってしまうのです。

かつて、東京工業大学の元学長の川上正光さんは、1978年に出版された『独創の精神』という著書の中で、「Education を『教育』と誤って翻訳し、教育にすり替えてしまったのは致命的失敗である。教育は Teaching に該当し、教えることで引き出す Education とは完全に逆の意味である。したがって、わが国では教えられるだけで、Educate は一切行われていないといっても過言ではなさそうである」と言い切ったのです。

そして川上さんはEducationを「啓発して育てる」という意味の「啓育」と訳しているのです。そこには、自らの力で自発的に物事の道理を明らかにしていく好奇心と探究心を育、内発的意欲を高めようとする意味が込められています。

「高い志」という言葉が「教育の構造改革」の中でも使われていますが、内発的意欲の低下とともに本来の意味での志も風化し始めているように思われます。

翻訳ミスによって、Educationの言魂を吸収できずに、人づくりにおけるボタンのかけ違いが起きて、本来日本人の持っている潜在力がゆがめられるきっかけを作ってしまったのです。

以来、私は「教育」という言葉を「啓育」と言い換えるようにしています。「教育基本法」は「啓育基本法」と言い直して内容を吟味しないと、中身と名前が一致せず、人づくりの改革などできないと思うようになったからです。志の言葉も「啓育基本法」の中であれば、自然と生かされる概念になるのではないでしょうか。

そこで「志ある人財」を育成するために、我が国の人づくりはどうあるべきか、これまで国や民間でいろいろ議論されてきた教育とこれからの新たな啓育改革についての考え方を総合して、どんな方向づけにしたらよいか、生涯学習時代の啓育の基本目標をどこに置くべきかなどを考えてみたいと思います。

現在の教育基本法では、第1条の「教育の目的」を「人格の完成を目指し～」と掲げています。ここでいう「人格」とは、戦後の教育基本法において「知育」「徳育」「体育」という3本柱の教育が統合して形成されると認識されています。

しかし、人格の完成とは、言うなれば「人間力」の形成にほかなりません。「人間力」とは、知性の力である「知力」、心の力である「心力」、健やかで幸福な力である「健幸力」、この3つの統合から成り立つものなのです。

そして、この人間力から生まれる勇気によって「志」が育まれるのです。

したがって、教育基本法を「啓育基本」と改め、その内容を未来志向型の「志を持つ人材の育成」としてはどうでしょうか。

重要なのは、教育基本法の「人格の完成」を「人格の形成」とするだけでは、人類がより良く生きるための目的や価値を高める発想が出てこないということです。

そこに「志」があれば、「人格」に方向性が生まれ「生きる力」も生まれます。そして、常により良い社会に向かって前進していこうという勇気を持った人財の育成が可能になるのです。「志」を持つことによって、そうした「気力」という心の潜在的エネルギーを高めていくこともできるのです。「人格の形成や完成」は志のある人財育成の結果なのです。

日本が現在の厳しい状況から脱却して将来の人づくりの展望を拓いていくには、何よりもまず進取の気性と企業家精神に富み、大局観のある人生目標と目的を持った、気概にあふれた人財を生み出していかなければなりません。

「教育」の翻訳ミスを正す意味がここにあるのです。そうすれば、日本人一人ひとりの遺伝子は

ＯＮになり、持てる潜在能力が大いに発揮されることと思われるのです。

令和２年２月吉日

グループダイナミックス研究所
代表　柳　平　彬《さかん》

グループダイナミックス研究所（代表・柳平彬）主宰の研修コース

□ＡＩＡ／心のアドヴェンチャー――生きがい発見の意欲啓発

先入観や既成概念から解放され、積極的な心構えで内発的やる氣を起こし、企業や組織の活性化を図る意欲啓発プログラム。自信と勇気を回復し、人生の目的や目標、夢や志を明確にする目標創造能力を養う。

□志の力学プログラム――戦略的志を明確化

報酬や地位など外的インセンティブではなく、心の持ち方・人生に対する態度や志から内発的なやる氣を起こすよう意識改革。そして、自らの志や企業の「戦略的志」を明確にしながら、次世代のリーダーに匠術（Tachminology）による「価値の伝承」をするスピリットを養う。

□Telling Your Stories――企業家精神養成プログラム

企業家精神適性自己診断を通し、強みと弱みを知り、哲学信念や戦略的志を明らかにし、68の短い物語を語りながら戦略的な事業計画の創り方を学ぶ。サラリーマン意識からの脱皮、官僚的思考の打破、企業家的経営を開発する。

□TOS（Textbook of Salesmanship）――営業管理者の指導力理論武装

セールス活動の基本を科学的・体系的に理解し、部下指導の具体的なフィードバックの方法を身につける。営業担当者自身が自分で状況に応じたセールスマニュアルやセールストークを創れる能力を開発する。世界に通用するセールス力、セールス哲学を修得し、志のある営業を展開する。

□プロへの道～Grow As A Pro～――営業の心を創る

セールスマインドの原点を勇気づけあいながら学習。営業未経験者、非営業部門の人たちにも営業へのプロ意識を理解し、実践してもらう。お客様一人ひとりのニーズだけでなくウォンツ・購売動機のわかる感性を磨き、お客様との信頼関係を強化する。

□STEP～伸びる子供を育てる～――やる氣と責任感ある子供を育てる親のための勇気づけセミナー

幼児から学童期の子供を積極的で責任感ある子供に育てる実践しつけ学セミナー。子供が自らの責任において行動を選択し、その結果を体験させることを通じて、子供を勇気づけ、自発的・内発的にやる気を育てる。さらに親自身の家庭や職場での人間関係の改善に役立つ。

□TRANSITION中学生のための／変身への冒険～子供ためのリーダーシップ研修～

12～15歳の子供たちの積極性を引き出し、責任感やコミュニケーション能力を養うことを目的とする子供たちの相互啓発プログラム。新しい多くの友達と出会い、お互いに積極的な心構えを育む。そして、意欲的で自信にあふれる新しい自己を発見し、将来の夢や目標の達成に一歩近づく。

□人参りんごジュース温泉断食～カラダと心の若返り自己健康法～

半健康体と言われている現代人の不規則な生活、慢性的な運動不足、食べ過ぎ・飲み過ぎによる肥満・不健康状態を改善。空腹を感じさせない人参リンゴジュース断食で体と心に染み付いた垢を洗い流す。

※以上のコースに興味ある方は同梱のハガキ若しくは○○ページのファクス・郵送用申込用紙をお使いください。

研修コース資料申込用紙

AIA（Adventures In Attitudes 心のアドベンチャー）、「心の持ち方、すなわち自らの心構えと長所を見直し、魅力的なパーソナリティを養う『啓発プログラム』」にご興味あるプログラムがありましたら、資料をお送り申し上げますので、□欄に☑印をおつけください。なお、各プログラムの詳細は、本書218ページに掲載されております。

□AIA/心のアドベンチャー（やる気意識改革プログラム）
□志の力学プログラム（戦略的志の明確化）
□Telling～企業家精神養成プログラム～
□TOS（Textbook of Salesmanship）
□プロへの道～Grow As A Pro～
□STEP～伸びる子供を育てる～
□TRANSITION 中学生のための／変身への冒険
　～子供ためのリーダーシップ研修～
□人参りんごジュース温泉断食～カラダと心の若返り自己健康法～

お名前・ふりがな			
ご住所・資料送付先	〒		
電話番号		ファクス番号	
メールアドレス			

ファクス送信先　044-541-3336

郵送先　〒212-0024 川崎市幸区塚越4-314-1
グループダイナミックス研究所

柳平　彬（やなぎだいら　さかん）

（株）グループダイナミックス研究所代表取締役
慶應義塾大学経済学部卒、丸紅飯田（現 丸紅）入社。ハバフォード大学でリベラルアーツを学び、ダートマス大学大学院タックスクールを卒業、MBAを取得。その後独立し丸紅の組織開発（OD）に協力する。AIA・心のアドベンチャーという心構え意識改革プログラムや営業研修（TOS、Textbook of Salesmanship）や志の力学プログラム（The Dynamics of KOKOROZASHI）、企業家精神養成プログラム（Telling Your Stories）子供の責任感とやる気を育てる親のための勇気づけプログラム・STEPなどを開発、普及する。人財育成研修などを幅広く行っている。著書も『やる気の健康学』『志とは何か』など多数。

やる気を引き出す
言氣《げんき》の心理学《しんりがく》――働き方か生き方改革か――

令和2年4月20日　初版第1刷

著　者　　柳　平　　彬
発行者　　梶　原　純　司
発行所　　ぱるす出版 株式会社
東京都文京区本郷2-25-14 第一ライトビル508 〒113-0033
電話（03）5577-6201　FAX（03）5577-6202
http://www.pulse-p.co.jp
E-mail info@pulse-p.co.jp

表紙・カバーデザイン　（株）WADE

印刷・製本　ラン印刷社

ISBN 978-4-8276-0253-1 C0011